DOCUMENTOS DA CNBB – 100

CONFERÊNCIA NACIONAL DOS BISPOS DO BRASIL

COMUNIDADE DE COMUNIDADES: UMA NOVA PARÓQUIA

A CONVERSÃO PASTORAL DA PARÓQUIA

52ª Assembleia Geral
Aparecida – SP, 30 de abril a 9 de maio de 2014

Paulinas

Direção-geral: *Bernadete Boff*
Editora responsável: *Vera Ivanise Bombonatto*

Nenhuma parte desta obra poderá ser reproduzida ou transmitida por qualquer forma e/ou quaisquer meios (eletrônico ou mecânico, incluindo fotocópia e gravação) ou arquivada em qualquer sistema ou banco de dados sem permissão escrita da Editora. Direitos reservados.

1ª edição – 2014
8ª reimpressão – 2024

Cadastre-se e receba nossas informações
paulinas.com.br
Telemarketing e SAC: 0800-7010081

Paulinas
Rua Dona Inácia Uchoa, 62
04110-020 – São Paulo – SP (Brasil)
(11) 2125-3500
editora@paulinas.com.br

© Pia Sociedade Filhas de São Paulo – São Paulo, 2014

SIGLAS

AA	*Apostolicam Actuositatem*
CIgC	Catecismo da Igreja Católica
CD	*Christus Dominus*
CDC	Código de Direito Canônico
CV	*Caritas in Veritate*
CDSI	Compêndio da Doutrina Social da Igreja
CEBs	Comunidades Eclesiais de Base
ChL	*Christifideles Laici*
CNBB	Conferência Nacional dos Bispos do Brasil
CR	Catequese Renovada
CT	*Catechesi Tradendae*
DAp	Documento de Aparecida
DCE	*Deus Caritas Est*
DGAE	Diretrizes Gerais da Ação Evangelizadora da Igreja no Brasil 2011-2015
DD	*Dies Domini*
DI	Discurso Inaugural de Bento XVI na V Conferência Geral do Episcopado Latino-Americano
DM	Documento de Medellín
DNC	Diretório Nacional de Catequese
DP	Documento de Puebla
DV	*Dei Verbum*

EAm	Exortação Apostólica *Ecclesia in America*
EN	*Evangelii Nuntiandi*
EG	*Evangelii Gaudium*
GS	*Gaudium et Spes*
LG	*Lumen Gentium*
LF	*Lumen Fidei*
NMI	*Novo Millennio Ineunte*
PDV	*Pastores Dabo Vobis*
PO	*Presbyterorum Ordinis*
RICA	Ritual da Iniciação Cristã de Adultos
RM	*Redemptoris Missio*
SC	*Sacrosanctum Concilium*
SCa	*Sacramentum Caritatis*
SD	Documento de Santo Domingo
VD	*Verbum Domini*
UR	*Unitatis Redintegratio*

APRESENTAÇÃO

"Eles eram perseverantes em ouvir o ensinamento dos apóstolos, na comunhão fraterna, na fração do pão e nas orações. (...) Todos os que abraçavam a fé viviam unidos e possuíam tudo em comum; vendiam suas propriedades e seus bens e repartiam o dinheiro entre todos, conforme a necessidade de cada um."
(At 2,42-45)

A Igreja é comunidade! A comunidade torna visível a Igreja. A Igreja tem início com a pregação da Boa-Nova, o Reino de Deus manifestado nas palavras, obras e na presença de Cristo (cf. LG, n. 5). A sua morte e ressurreição levaram à transformação da vida dos discípulos e pela ação do Espírito Santo torna-se visível a Igreja, a primeira comunidade.

As pessoas que receberam o dom do conhecimento de Cristo, de terem nascido em Cristo, formam a comunidade, tornando palpável a Igreja como dinâmica do Reino. A comunidade de fé, de esperança e de caridade (cf. LG, n. 8) evangeliza, isto é, testemunha a alegria do Evangelho. "O que nos deve santamente inquietar e preocupar (...) é que haja tantos irmãos nossos que vivem sem a força, a luz e a consolação da amizade com Cristo, sem uma comunidade de fé que os acolha, sem um horizonte de sentido e de vida".[1]

A Comunidade, as comunidades, as comunidades de comunidades, uma rede de comunidades, expressam a vitalidade de ser Igreja, pois expressam uma dinâmica de relações e cuidados entre os que são filhos no Filho e toda criatura.

O Documento "Comunidade de comunidades: uma nova paróquia. A conversão pastoral da paróquia" busca iluminar o nosso ser Igreja, sermos comunidade dos que vivem de Cristo Jesus, iluminados e guiados pela força e suavidade do Espírito Santo, acolhidos pela bondade materna do Pai.

A paróquia como comunidade de comunidades "é presença eclesial no território, âmbito para a escuta da Palavra, o crescimento da vida cristã, o diálogo, o anúncio, a caridade generosa, a adoração e a celebração. Através de todas as suas atividades, a paróquia incentiva e forma os seus membros para serem agentes da evangelização. É comunidade de comunidades, santuário onde os sedentos vão beber para continuarem a caminhar, e centro de constante envio missionário".[2]

---

1   PAPA FRANCISCO, *Evangelii Gaudium*, n. 49.

2   PAPA FRANCISCO, *Evangelii Gaudium*, n. 28.

Uma paróquia comunidade de comunidades é dinâmica, missionária. Ela necessita de uma conversão pastoral como nos lembra o Documento de Aparecida.[3] Novo espírito, novo ardor, novas dinâmicas, pois a sua missão é "transmitir uma herança. (…) Para transmitir a herança é preciso entregá-la pessoalmente, tocar a pessoa para quem você quer doar, transmitir essa herança".[4]

A conversão pastoral que o texto propõe recorda as palavras do Papa Francisco: "quero lembrar que 'pastoral' nada mais é que o exercício da maternidade da Igreja. Ela gera, amamenta, faz crescer, corrige, alimenta, conduz pela mão… Por isso, faz falta uma Igreja capaz de redescobrir as entranhas maternas da misericórdia. Sem a misericórdia, poucas possibilidades temos hoje de inserir-nos em um mundo de 'feridos' que têm necessidade de compreensão, de perdão, de amor".[5]

A conversão da paróquia em comunidade de comunidades "consiste em ampliar a formação de pequenas comunidades de discípulos convertidos pela Palavra de Deus e conscientes da urgência de viver em estado permanente de missão. Isso implica revisar a atuação dos ministros ordenados, consagrados e leigos, superando a acomodação e o desânimo. O discípulo de

---

3   Cf. Documento de Aparecida, n. 365-372.
4   PAPA FRANCISCO, *Discurso aos Bispos do Brasil*, JMJ 2013, p. 4.
5   Ibid.

Jesus Cristo percebe que a urgência da missão supõe desinstalar-se e ir ao encontro dos irmãos".[6]

A Comissão que trabalhou dinamicamente durante quase dois anos o documento agora apresentado às nossas Igrejas particulares, comunidades e famílias, aceite a gratidão de todos pelo serviço prestado à Igreja no Brasil.

Nossa Senhora anime nossas comunidades a gestarem e darem à luz Jesus, nosso Salvador, pelo anúncio e testemunho, ajudando a ser "a própria Igreja que vive no meio das casas dos seus filhos e das suas filhas".[7]

Brasília, 13 de maio de 2014.
Nossa Senhora de Fátima

† *Leonardo Ulrich Steiner*
Bispo Auxiliar de Brasília
Secretário-Geral da CNBB

---

6   Documento CNBB, 100, *Comunidade de comunidades: uma nova paróquia. A conversão pastoral da paróquia*, n. 8.
7   PAPA FRANCISCO, *Evangelii Gaudium*, n. 28.

INTRODUÇÃO

1. Há séculos a paróquia tem sido a presença pública da Igreja nos diferentes lugares. Ela é referência para os batizados. Sua configuração social, entretanto, tem sofrido profundas alterações nos últimos tempos. A mudança de época da sociedade e o processo de secularização diminuíram a influência da paróquia sobre o cotidiano das pessoas. Há dificuldades para que seus membros se sintam participantes de uma autêntica comunidade cristã. Cresce o desafio de renovar a paróquia em vista da sua missão.

2. De forma especial, a Exortação Apostólica *Evangelii Gaudium*[1] propõe a revisão da situação atual da paróquia que, apesar dos ventos contrários, "não é uma estrutura caduca, precisamente porque possui uma grande plasticidade, pode assumir formas muito diferentes que requerem a docilidade e a criatividade missionária do pastor e da comunidade".[2]

3. A CNBB tratou da revitalização da comunidade paroquial em sua Assembleia Ordinária de 2013 que propôs a publicação do texto *Comunidade de comunidades: uma nova paróquia*, número 104 da

---

1 PAPA FRANCISCO, Exortação Apostólica *Evangelii Gaudium*, de 24 nov. 2013.
2 EG, n. 28.

Coleção de Estudos da CNBB. De maio a outubro de 2013, desencadeou-se um processo de intensa participação de diferentes instâncias que leram, debateram, criticaram e apresentaram sugestões à comissão de redação do texto. O envolvimento das comunidades, paróquias, dioceses, congregações religiosas, associações e movimentos de cristãos leigos, institutos de Teologia, regionais da CNBB, entre outros, foi numericamente importante e determinou a construção de um novo texto.

4. Na Assembleia Ordinária da CNBB em 2014, o tema foi debatido e aprofundado, sendo resultado da reflexão o texto que aqui se apresenta. Ele não é a repetição do texto de estudos, pois a reflexão avançou e cresceu com a grande quantidade de emendas que chegou à CNBB.

5. Constatou-se que a atual paróquia necessita de uma conversão pastoral. Para tanto, será necessário aplicar a eclesiologia proposta pelo Concílio Ecumênico Vaticano II, consolidar a proposta do Documento de Aparecida e concretizar as diretrizes da CNBB que insistem na renovação paroquial. Contribuem também para essa reflexão os pronunciamentos do Papa Francisco quando visitou o Brasil por ocasião da "Jornada Mundial da Juventude", em 2013. Igualmente a Exortação Apostólica *Evangelii Gaudium* faz indicações sobre um novo olhar e uma nova

prática pastoral que incide diretamente sobre as comunidades.

6. Da integração desses elementos, nasce este texto constituído de seis capítulos. O primeiro, inspirado na *Gaudium et Spes*, indica os sinais dos tempos que interpelam a paróquia atual. Não se trata de empreender uma análise da conjuntura social, cultural e eclesial, mas de detectar alguns aspectos da realidade que clamam pela conversão pastoral. O segundo capítulo propõe a recuperação de dados bíblicos sobre as primeiras comunidades cristãs. No retorno às fontes, pretende-se encontrar a luz para a conversão pastoral da paróquia. O terceiro capítulo faz um breve resgate histórico do desenvolvimento das comunidades paroquiais para recuperar pontos que merecem maior atenção. O quarto capítulo evidencia os fundamentos eclesiológicos da comunidade e destaca a visão de Igreja que o Concílio Vaticano II propôs. O quinto capítulo enfatiza os sujeitos e as tarefas da conversão pastoral para destacar a missão de cada cristão no contexto paroquial. Finalmente, o sexto capítulo traz algumas proposições para que a paróquia se torne *comunidade de comunidades*.

7. As questões que norteiam este texto são: qual é a situação de nossas paróquias hoje? Quais são as causas de certo esfriamento na comunidade cristã?

O que é preciso perceber para que ocorra uma mudança? Que aspectos merecem revisão urgente? O que é possível propor e assumir na pluralidade da realidade brasileira?

8. Basicamente, a conversão pastoral da paróquia consiste em ampliar a formação de pequenas comunidades de discípulos convertidos pela Palavra de Deus e conscientes da urgência de viver em estado permanente de missão. Isso implica revisar a atuação dos ministros ordenados, consagrados e leigos, superando a acomodação e o desânimo. O discípulo de Jesus Cristo percebe que a urgência da missão supõe desinstalar-se e ir ao encontro dos irmãos.

Capítulo 1

SINAIS DOS TEMPOS
E CONVERSÃO PASTORAL

9. O Concílio Vaticano II propõe o diálogo na relação da Igreja com a sociedade. Assim, a Igreja é chamada a reconhecer os "sinais dos tempos",[3] pois a história é rica em sinais da presença de Deus. O Concílio destacou a pastoral e a ação evangelizadora da Igreja para que esta seja sinal de Cristo no mundo.[4] Tal posicionamento exige que a Igreja se revitalize continuamente no Espírito que se revela nos sinais dos tempos. Para isso, é preciso considerar que as mudanças na Igreja, especialmente na sua forma de evangelizar, constituem a sua identidade de acolher o que o Espírito Santo dá a conhecer em diferentes momentos históricos; daí se compreende o aforismo: *ecclesia semper reformanda*[5] (a Igreja deve sempre se reformar).

---

3   Essa expressão passou a ser conhecida na Igreja, principalmente com o Papa João XXIII e o Concílio Vaticano II, especialmente nos documentos *Gaudium et Spes* (nn. 4, 11, 44), *Presbyterorum Ordinis* (n. 9), *Unitatis Redintegratio* (n. 4) e *Apostolicam Actuositatem* (n. 14).

4   Cf. LG, n. 15; GS, n. 43.

5   UR, n. 6.

10. Enfrenta-se a realidade para encontrar as demandas novas que se apresentam para a evangelização. Trata-se de discernir "os acontecimentos, nas exigências e nas aspirações de nossos tempos (...), quais sejam os sinais verdadeiros da presença ou dos desígnios de Deus".[6] Esse "ver" está condicionado pelo olhar.[7] Seguindo o Documento de Aparecida, pretende-se ir ao encontro da realidade com o olhar do discípulo. Não é um olhar puramente sociológico. Trata-se, na verdade, de um autêntico discernimento evangélico. "É o olhar do discípulo missionário que se nutre da luz e da força do Espírito Santo".[8]

1.1 Novos contextos: desafios e oportunidades

11. O progresso científico permitiu o acesso a novas tecnologias; e o avanço da informática trouxe comodidades e experiências inimagináveis num passado recente. A emergência da subjetividade, a preocupação com a ecologia, o crescimento do voluntariado, o empenho pela tolerância e o respeito pelo diferente despertam atualmente uma nova consciência de pertença ao planeta e de integração

---

6   GS, n. 11.
7   PAPA FRANCISCO. *Mensagens e homilias – JMJ, Rio 2013*. Brasília: Edições CNBB, 2013, p. 92.
8   EG, n. 50.

entre tudo e todos. Igualmente, multiplicam-se as mobilizações contra ditaduras, corrupção, injustiças e violação dos direitos humanos.

12. Com a valorização do sujeito na modernidade, cresce a responsabilidade de cada pessoa de "construir sua personalidade e plasmar sua identidade social".[9] Essa postura, por outro lado, pode fortalecer a subjetividade individual, enfraquecer os vínculos comunitários e transformar a noção de tempo e espaço.[10] A pessoa vive numa sociedade consumista que afeta sua identidade pessoal e sua liberdade. Acentua-se o egoísmo que desenraiza o indivíduo da comunidade e da sociedade.

13. Vive-se o fascínio entre a emergência da subjetividade e a cultura individualista que propõe uma felicidade reduzida à satisfação do ego. Se, de um lado, verifica-se o valor da pessoa, por outro, percebe-se a dificuldade de alguns em pensar no outro. Diante disso, constata-se a falta do reconhecimento da comunidade como geradora de sentido e parâmetro da organização da vida pessoal. Difunde-se a noção de que a pessoa livre e autônoma precisa se libertar da família, da religião e da sociedade. A independência da pessoa pode ser compreendida equivocadamente

---

9   DAp, n. 479.
10 DAp, n. 44.

como a libertação dos vínculos e influências que os outros podem propor ao indivíduo.

14. Alguns até rejeitam os valores herdados da fé em nome da criação de novos e, muitas vezes, arbitrários direitos individuais.[11] Por isso, cresce a indiferença pelo outro e aumenta a dificuldade de planejar o futuro. O que conta, para muitas pessoas, é viver o aqui e o agora. As novas gerações são as mais afetadas por essa cultura imediatista. Importa mais a sensação do momento. Tal comportamento gera novas maneiras de pensar e de se relacionar, especialmente entre os jovens que são os principais produtores e atores da nova cultura.[12]

15. Na afirmação das liberdades individuais o mercado ganha força e a pessoa existe enquanto consome. Dos luxuosos *shoppings centers* aos camelódromos das periferias, enfileiram-se multidões que buscam comprar a satisfação ou o sentido de sua individualidade. Será preciso enfrentar o sistema que tem uma concepção economicista de ser humano e considera o lucro e as leis do mercado medidas absolutas em detrimento da dignidade da pessoa humana.[13]

16. Paradoxalmente, os índices de pobreza e miséria continuam a desafiar qualquer consciência

---

11 Cf. DAp, n. 44.
12 Cf. DAp, n. 51.
13 Cf. EAm, n. 56.

tranquila. A sociedade vive marcada pela violência, sintoma da exclusão social. Paralelamente, a drogadição desafia a vida das famílias. A sociedade do descartável valoriza apenas o que é útil. Nesse contexto, o idoso, o doente e aquele que não pode produzir ou consumir não são considerados. Vive-se numa sociedade de contrastes que desafia o ser cristão.

17. É importante perceber a realidade das grandes cidades que crescem acelerada e desordenadamente. As paróquias urbanas não conseguem atender a população que nelas existe. Os presbíteros, diáconos e leigos esgotam suas energias com uma pastoral de manutenção, sem condições de criar novas iniciativas de evangelização e missão.

18. Nas grandes cidades, mesmo nas comunidades paroquiais, existe anonimato e solidão. Muitos procuram a Igreja apenas para atender às suas demandas religiosas. Não buscam viver a comunhão nem querem participar de um grupo de cristãos. Por outro lado, há dificuldades em acolher quem chega, especialmente migrantes e novos vizinhos que facilmente caem numa massa anônima e raras vezes são recebidos de forma personalizada nas grandes paróquias.

19. Os meios de comunicação são aperfeiçoados e atingem a população em geral, influindo

preponderantemente na opinião pública. Nas últimas décadas, eles mudaram hábitos e atitudes, criaram necessidades a partir de desejos e influenciaram no consumo e na religião. A internet é um território sem fronteiras que entra diretamente em todos os espaços. Essa realidade produz um mundo cada vez mais informado, conectando a todos e atingindo a privacidade de pessoas e instituições. Novos conceitos de espaço são gerados por esses meios que encurtam distâncias e alargam horizontes. A força da tecnologia dos meios de comunicação determina tanto a vida na grande cidade quanto na pequena vila do interior.

20. A Igreja na América Latina tem destacado a importância da inculturação no processo de evangelização. Talvez, por muito tempo, a inculturação tenha sido enfatizada para evangelizadores nas pastorais populares. Agora, para compreendermos o sujeito e seu comportamento no universo midiático, é necessário saber inculturar o Evangelho no contexto da comunicação virtual.

21. A renovação paroquial exige novas formas de evangelizar tanto o meio urbano como o rural. Apesar de as comunidades rurais estarem distantes dos centros geradores da nova cultura urbana, em vista do fácil acesso às informações, também nessas áreas crescem problemas relativos ao vínculo comunitário.

22. Há uma forte tendência no mundo para que a sociedade seja laicista e a religião não interfira na esfera pública. Partindo do Estado laico, pretende-se chegar a uma sociedade que se paute pelo laicismo. Chega-se a pensar numa sociedade pós-cristã. Não se busca mais o verdadeiro, mas o desejável. A verdade se torna relativa às diferentes necessidades das pessoas. Trata-se de uma cultura sempre mais secularizada, que evita a influência do cristianismo nas decisões morais da sociedade.

1.2 Novos cenários da fé e da religião

23. A vivência da fé na sociedade atual é geralmente exercida numa religiosidade não institucional e sem comunidade, mais ligada aos interesses pessoais. A busca de curas e prosperidade propiciou o crescimento de novos grupos religiosos que prometem soluções imediatas às demandas da população, especialmente carente de recursos e de atendimento de saúde. De outro lado, aumentam as estatísticas daqueles que se declaram sem religião, inclusive muitos que foram batizados na Igreja. Acreditam em Deus, mas não querem laços de pertença com uma comunidade religiosa.

24. Diferentes formas de viver e pensar coexistem em nossa cultura. O pluralismo liberta as pessoas de normas fixas, mas também as desorienta pela perda

das referências fundamentais e gera fragmentação da vida e da cultura. O pluralismo nem sempre respeita o outro, e seu exagero pode provocar o indiferentismo. As pessoas confrontam sua experiência religiosa com o contexto de pluralismo religioso, com a perda do sentido comunitário e solidário da fé. Alguns fiéis católicos frequentam outros cultos e centros religiosos, buscando conforto em suas dificuldades. Eles se entendem católicos, visitam outras tradições religiosas e não estabelecem vínculo de pertença com nenhuma.

25. A participação na vida eclesial tornou-se, cada vez mais, uma opção numa sociedade pluralista. Diante da pluralidade de pertenças do ser humano atual, a comunidade cristã é chamada a inserir-se, cada vez mais, na sociedade em que vive para testemunhar o Evangelho de Cristo. Essa integração social implica a participação em muitos grupos: no trabalho, na cultura local, na política, no lazer, etc. Cada membro da comunidade cristã sente-se desafiado a integrar, em sua própria vida pessoal, a unidade de diversas pertenças, procurando manter sua identidade e vocação cristã.

26. A vivência religiosa também está mais midiática. As experiências visam aos sentimentos e ao bem-estar. Há quem expresse sua religiosidade conectando-se apenas pelas mídias: jovens se concentram nas redes

sociais da internet e os idosos preferem a televisão. Emerge, assim, uma experiência religiosa com menor senso de pertença comunitária.

27. Apesar de se constatar muita religiosidade, especialmente por via midiática, evidencia-se uma adesão parcial à fé cristã. Está em crise o sentimento de pertença à comunidade e o engajamento na paróquia. Afetivamente, há pessoas mais ligadas a expressões religiosas veiculadas por mídias católicas. Efetivamente, muitos preferem colaborar com campanhas televisivas do que participar do dízimo paroquial, por exemplo. Embora seja indispensável o trabalho de religiosos católicos nas mídias, entra em questão o vínculo e a pertença possibilitados por essa nova modalidade de viver a fé.

1.3 A realidade da paróquia

28. A realidade das paróquias no Brasil é difícil de ser classificada embora seja possível identificar desafios comuns. Em si, a paróquia está unida a outras paróquias da diocese.[14] Da mesma forma, ela está inserida na sociedade da qual recebe e à qual oferece influências. É falsa, portanto, a concepção

---

14 Neste documento, para facilitar a leitura, optou-se por mencionar a diocese identificando-a com a Igreja Particular ou Local, sem desconsiderar que a ela se equipara a prelazia.

de paróquia como sendo um todo em si mesmo, formando quase uma comunidade autônoma.

29. Encontram-se paróquias que não assumiram a renovação proposta pelo Concílio Vaticano II e se limitam a realizar suas atividades principais no atendimento sacramental e nas devoções. Falta-lhes um plano pastoral sintonizado com um plano diocesano, e sua evangelização se reduz à catequese de crianças, restrita à instrução da fé, sem os processos de uma autêntica iniciação cristã. Nelas, a administração e a responsabilidade da comunidade concentram-se, exclusivamente, no pároco. Não há uma preocupação missionária, pois se espera que as pessoas procurem a Igreja. A evangelização é entendida apenas como fortalecimento da fé daqueles que buscam a paróquia.

30. Por outro lado, muitas comunidades e paróquias do país vivenciam experiências de profunda conversão pastoral. São comunidades ocupadas com a evangelização, a catequese como processo de iniciação à vida cristã, a animação bíblica da pastoral, a liturgia viva e participativa, a atuação da juventude, os ministérios exercidos por leigos e leigas, os Conselhos Comunitários, o Conselho Paroquial de Pastoral e o Conselho de Assuntos Econômicos. Quem participa da vida de sua paróquia tem vínculos comunitários. Há interesse e empenho em atrair os afastados.

Nessas paróquias, os párocos e os cristãos engajados, homens e mulheres, desenvolvem uma pastoral de comunhão e participação. Entretanto, apesar dessa riqueza, algumas não conseguem atingir a maior parte das pessoas de sua jurisdição, em vista da grande população ou extensão territorial. Ainda lhes falta ampliar a ação evangelizadora fortalecendo pequenas comunidades que, juntas, formam a única comunidade paroquial.

31. O grande desafio das paróquias é sair em missão, deixar de ocupar-se apenas com a rotina e com as mesmas pessoas que já estão na comunidade e sair ao encontro das pessoas. O Papa Francisco exorta a vencer a mesmice: "A pastoral em chave missionária exige o abandono deste cômodo critério pastoral: 'fez-se sempre assim'. Convido todos a serem ousados e criativos nesta tarefa de repensar os objetivos, as estruturas, o estilo e os métodos evangelizadores das respectivas comunidades".[15]

32. O modelo paroquial brasileiro, em sua grande maioria, depende da atividade dos presbíteros, seja na missão evangelizadora, na celebração dos sacramentos, na formação, seja na administração dos bens. Há padres muito dedicados e com exemplar pastoreio, mas o laicato precisa assumir maior

---

15 EG, n. 33.

espaço de decisão na construção da comunidade. Somente assim se evitará que, ao trocar o pároco, as diretrizes da comunidade sejam mudadas completamente.

33. Há uma relação estreita entre presbítero e paróquia, especialmente porque ela tem sido o principal espaço do ministério presbiteral, e porque é nas comunidades cristãs que nascem as vocações. Por isso os limites da missão e evangelização se refletem sobre os candidatos ao presbiterado, que muitas vezes chegam ao seminário sem a formação de discípulos missionários. Essa situação fica agravada com a fragmentação das famílias e a superficialidade da cultura atual que impacta os jovens.

34. Assiste-se, também, ao aparecimento de cristãos que formam grupos fechados em seus ideais, sem comunhão com a diocese e resistentes ao diálogo com o mundo. Multiplicam-se associações pequenas de interesses religiosos particulares. Geralmente são pessoas que promovem certo fundamentalismo católico. Essa redução da experiência comunitária cristã compromete o conceito de Igreja como Povo de Deus, que é a união de todas as pessoas, das mais diferentes formas de pensar e viver, no único ato de culto e formando o Corpo Místico de Cristo. Afinal, as comunidades cristãs não podem nutrir um

sentimento de superioridade espiritual em relação aos outros e de fuga em relação ao mundo.

35. Outra questão a ser enfrentada é a das comunidades paroquiais ou capelas que funcionam mais como instituição do que como comunidade de discípulos de Jesus Cristo. Na fé cristã, não há lugar para capelas fechadas, em forma de sociedade ou clube. Algumas têm diretorias e outras vivem em função de festas, almoços e bailes. Parecem mais um clube social que não tem como finalidade principal a evangelização. Nessas comunidades, às vezes, na celebração, aparecem poucas pessoas, mas lotam os salões para as suas promoções. Cabe se questionar sobre a identidade de tais comunidades que se esforçam tanto para eventos e quase não têm iniciativas missionárias. Os pobres, nesses grupos, não têm vez ou, na maioria das vezes, são esquecidos.

36. Não basta a união nos trabalhos das pessoas que atuam na paróquia; é preciso unidade de recíproca referência, pela qual todos se sintam pertencentes à mesma família de fé que mantém vínculos de amizade e fraternidade. Para haver comunidade eclesial é preciso que haja *fé*, *esperança* e *caridade*. A intersubjetividade das pessoas conta e os interesses precisam ser compartilhados, não apenas os serviços e as funções.

37. Há paróquias que projetam a imagem de uma Igreja distante, burocrática e sancionadora. Igualmente os planos pastorais diocesanos e paroquiais precisam ser mais evangélicos, comunitários, participativos, realistas e místicos. Estruturas novas podem ser já caducas: reuniões longas, encontros prolixos, metodologias sem interação.

1.4 A nova territorialidade

38. A territorialidade é considerada, há séculos, o principal critério para concretizar a experiência eclesial. Essa concepção está ligada a uma realidade mais fixista e estável. Hoje, o território físico não é mais importante que as relações sociais. A transformação do tempo provoca uma nova noção de limites paroquiais, sem delimitação geográfica. Habitar um determinado espaço físico não significa, necessariamente, estabelecer vínculos com aquela realidade geográfica. A mobilidade, especialmente urbana, possibilita muitos fluxos nas relações.

39. O ser humano atual vive marcado pela mobilidade e pelo dinamismo de suas relações. Isso ocasiona a fluidez do território, com fácil deslocamento de um lugar para outro. Prefere-se entender o espaço como lugar habitado, onde as pessoas interagem e convivem. Assim, a paróquia, sem prescindir do território, é muito mais o local onde a pessoa vive

sua fé, compartilhando com outras pessoas a mesma experiência.

40. Um referencial importante para o ser humano de hoje é o sentido de pertença à comunidade e não tanto o território. Por isso, alguém pode participar de uma paróquia que não seja a do bairro onde reside. Não são poucos os que preferem uma comunidade onde se sintam mais identificados ou acolhidos por diversos motivos: participação em um movimento, horários alternativos de missa, busca de um bom pregador, etc. A paróquia como território fixo e estável é questionada pela experiência de comunidades ambientais não delimitadas pelo espaço geográfico.

41. A transformação do tempo provoca uma nova concepção dos limites paroquiais, não mais apenas geográficos. A burocracia e os horários das secretarias paroquiais estão mais ligados a uma concepção estática de paróquia e não mais correspondem ao estilo de vida comunitária que as pessoas estabelecem em sua fé.

42. A territorialidade, por outro lado, não pode ser desprezada. Ela é a referência para a maioria dos católicos que encontram na igreja paroquial um ponto de encontro. O sentimento de pertença e integração de todos, independentemente de situação econômica, social e cultural, ainda é mais garantido na paróquia do que em outras formas de viver o cristianismo.

Ela evita que a comunidade seja apenas um grupo por afinidade que se reúne. A paróquia tem abertura para acolher a pluralidade das formas de seguir Jesus Cristo. Suas portas estão sempre abertas para praticantes e não praticantes, para pessoas engajadas e aquelas que apenas buscam seu atendimento religioso.

43. Na medida em que as paróquias crescem demograficamente, a tendência é fazer a divisão territorial. Essa delimitação geográfica nem sempre resolve o problema dos vínculos comunitários, pois as pessoas agregam-se a comunidades independentemente do espaço físico. Apesar de o cânon 518 do Código de Direito Canônico apresentar como critério usual para a criação de uma paróquia a territorialidade, é importante ponderar que o mesmo cânon propõe a possibilidade de a paróquia não territorial existir em função do rito, da nacionalidade ou de outra razão de natureza pastoral. Atualmente, essa segunda possibilidade de criação de paróquias precisa ser aprofundada.

44. Considere-se, também, a experiência religiosa vivida pelas mídias que formam grupos de pertença. O termo *comunidade*, por exemplo, é muito utilizado no mundo virtual, rompendo com o espaço físico e construindo novos territórios baseados em diversos interesses, superando a noção de espaço e tempo.

Na paróquia atual, não é possível trabalhar com grupos de jovens desprezando as redes sociais que atraem e conectam interesses e motivações.

1.5 Revisão de estruturas obsoletas

45. Cuidar demais das estruturas e da prática levou-nos a muitas formas de ativismo estéril. A primazia do fazer ofuscou o ser cristão. Há muita energia desperdiçada em manter estruturas que não respondem mais às inquietações atuais. Sem negar o valor do que foi realizado, é preciso agir para responder às inquietações novas. O Documento de Aparecida propõe "abandonar as ultrapassadas estruturas que já não favoreçam a transmissão da fé".[16]

46. A *Evangelli Gaudium* explicitou as consequências dessa revisão: "A reforma das estruturas, que a conversão pastoral exige, só se pode entender neste sentido: fazer com que todas elas se tornem mais missionárias, que a pastoral ordinária em todas as suas instâncias seja mais comunicativa e aberta, que coloque os agentes pastorais em atitude constante de 'saída' e, assim, favoreça a resposta positiva de todos aqueles a quem Jesus oferece a sua amizade".[17]

---

16 DAp, n. 365.
17 EG, n. 27.

47. Somos chamados a anunciar Jesus Cristo em linguagem acessível e atual. Porém, o fazemos mediante abstrações e fórmulas, sem comunicar experiências de fé. Presos a conceitos de difícil compreensão, muitas vezes, não somos capazes de estabelecer relações entre a vida dos que creem e o Mistério de Deus. "As enormes e rápidas mudanças culturais exigem que prestemos constante atenção ao tentar exprimir as verdades de sempre numa linguagem que permita reconhecer a sua permanente novidade".[18]

48. Há excesso de burocracia e falta de acolhida em muitas secretarias paroquiais. A administração paroquial, muitas vezes, reduz a função dos presbíteros a administradores: "Parte do nosso povo batizado não sente a sua pertença à Igreja, isso se deve também à existência de estruturas com clima pouco acolhedor em algumas das nossas paróquias e comunidades, ou à atitude burocrática com que se dá resposta aos problemas, simples ou complexos, da vida dos nossos povos. Em muitas partes, predomina o aspecto administrativo sobre o pastoral, bem como uma sacramentalização sem outras formas de evangelização".[19]

---

18 EG, n. 41.
19 EG, n. 63.

49. Não basta multiplicar ministérios para administrar os sacramentos. "O problema não está sempre no excesso de atividades, mas, sobretudo, nas atividades mal vividas, sem as motivações adequadas, sem uma espiritualidade que impregne a ação e a torne desejável".[20] As paróquias precisam rever suas atividades: dar atendimento a doentes, solitários, enlutados, deprimidos e dependentes químicos. E, assim, ampliar o atendimento: aproximando-se mais das famílias, do povo de rua, das populações indígenas, dos quilombolas, das vítimas da miséria e da violência urbanas. Para que isso aconteça, é necessário o efetivo desenvolvimento dos serviços e ministérios dos leigos.[21]

50. Entretanto, reconhece-se que "o apelo à revisão e renovação das paróquias ainda não deu suficientemente fruto"[22] e por isso é preciso fomentar a mística do discípulo missionário, capaz de promover a paróquia missionária. Afinal, "o que derruba as estruturas caducas, o que leva a mudar os corações dos cristãos é, justamente, a missionariedade".[23]

---

20 EG, n. 82.
21 CNBB. *Missão e ministérios dos cristãos leigos e leigas*. Doc. 62, n. 82ss.
22 EG, n. 28.
23 PAPA FRANCISCO. *Mensagens e homilias – JMJ, Rio 2013*, p. 89-90.

1.6 A urgência da conversão pastoral

51. Toda conversão supõe um processo de transformação permanente e integral, o que implica o abandono de um caminho e a escolha de outro. A conversão pastoral sugere renovação missionária das comunidades,[24] para passar de "uma pastoral de mera conservação para uma pastoral decididamente missionária".[25] Isso supõe mudança de estruturas e métodos eclesiais, mas, principalmente, exige uma nova atitude dos pastores, dos agentes de pastoral e dos membros das associações de fiéis e movimentos eclesiais.

52. A expressão "conversão pastoral" remete, acima de tudo, a uma renovada conversão a Jesus Cristo, a qual consiste no arrependimento dos pecados, no perdão e na acolhida do dom de Deus (cf. At 2,38ss.). Trata-se de uma conversão pessoal e comunitária. Há muitos batizados e até agentes de pastoral que não fizeram um encontro pessoal com Jesus Cristo, capaz de mudar sua vida para se configurar cada vez mais ao Senhor. Alguns vivem o cristianismo de forma sacramentalista sem deixar que o Evangelho renove sua vida. Outros até trabalham na pastoral, mas perderam o sentido do

---

24 Cf. DAp, n. 365 a 372.
25 DAp, n. 370.

discipulado e esqueceram a força missionária que o seguimento de Jesus implica.

53. Já a conversão da comunidade está refletida no Concílio Vaticano II ao afirmar que "a Igreja, contendo pecadores no seu próprio seio, simultaneamente santa e sempre necessitada de purificação, exercita continuamente a penitência e a renovação".[26] Essa postura é necessária, porque "a Igreja peregrina é chamada por Cristo a esta reforma perene. Como instituição humana e terrena, a Igreja necessita perpetuamente desta reforma".[27]

54. A mudança não é apenas prática, pois ela requer uma nova mentalidade: "quanto à conversão pastoral, quero lembrar que 'pastoral' nada mais é que o exercício da maternidade da Igreja. Ela gera, amamenta, faz crescer, corrige, alimenta, conduz pela mão (…) por isso, faz falta uma Igreja capaz de redescobrir as entranhas da misericórdia. Sem a misericórdia, poucas possibilidades temos hoje de inserir-nos em um mundo de 'feridos', que têm necessidade de compreensão, de perdão, de amor".[28]

55. A conversão pessoal e a pastoral andam juntas, pois se fundam na experiência de Deus realizada por pessoas e comunidades. "Temos consciência

---

26 LG, n. 8.
27 UR, n. 6.
28 PAPA FRANCISCO. *Mensagens e homilias – JMJ, Rio 2013*, p. 69.

de que a transformação das estruturas é uma expressão externa da conversão interior. Sabemos que esta conversão começa por nós mesmos. Sem o testemunho de uma Igreja convertida, vãs seriam nossas palavras de pastores".[29] Só assim será possível ultrapassar uma pastoral de mera conservação ou manutenção para assumir uma pastoral decididamente missionária.

56. É urgente uma revitalização da comunidade paroquial para que nela resplandeça, cada vez mais, a comunidade acolhedora, samaritana, orante e eucarística. A participação na Eucaristia não se reduz ao fato de todos cantarem e rezarem juntos. É preciso formar o Corpo Místico de Cristo, no qual todos se integram como membros que vivem na unidade. Muitas comunidades podem se autocompreender apenas como a junção de muitos interesses individuais que se reúnem para atender às demandas pessoais de religiosidade. Esse não é o conceito cristão de comunidade.

57. Por outro lado, observam-se atitudes de medo em relação à mudança e por isso surgem tendências de fechamentos em métodos antigos e posturas de defesa diante da nova cultura, de sentimentos de impotência diante de grandes dificuldades,

---

29 DP, n. 1221.

especialmente nas grandes cidades.[30] Sobre isso, exorta o Papa Francisco: "Que nos mova o medo de nos encerrarmos nas estruturas que nos dão uma falsa proteção, nas normas que nos transformam em juízes implacáveis, nos hábitos em que nos sentimos tranquilos, enquanto lá fora há uma multidão faminta e Jesus repete-nos sem cessar: 'Vós mesmos, dai-lhes de comer' (Mc 6,37)".[31]

1.7 Conversão para a missão

58. A conversão pastoral supõe passar de uma pastoral ocupada apenas com as atividades internas da Igreja, a uma pastoral que dialogue com o mundo. A paróquia missionária há de ocupar-se menos com detalhes secundários da vida paroquial e focar-se mais no que realmente propõe o Evangelho.

59. A conversão e a revisão das estruturas não se realizam para modernizar a Igreja, mas para buscar maior fidelidade ao que Jesus quer da sua comunidade. É exigência da missão a renovação dos costumes, estilos, horários e linguagem. Só assim toda a estrutura eclesial favorecerá mais a evangelização do que a autopreservação da paróquia.[32]

---

30 Cf. DAp, n. 513.
31 EG, n. 49.
32 Cf. EG, n. 27.

60. Enquanto a comunidade paroquial for autorreferencial, ocupando-se apenas de suas questões internas, tende a atrair cada vez menos pessoas, pois "o discípulo de Cristo não é uma pessoa isolada em uma espiritualidade intimista, mas uma pessoa em comunidade para se dar aos outros".[33]

1.8 Breve conclusão

61. A paróquia atual está desafiada a se renovar diante das aceleradas mudanças deste tempo. Desviar-se dessa tarefa é uma atitude impensável para o discípulo missionário de Jesus Cristo. Isso implica ter coragem de enxergar os limites das práticas atuais em vista de uma ousadia missionária capaz de atender aos novos contextos que desafiam a evangelização. A renovação da paróquia tem fonte perene no encontro com Jesus Cristo, renovado constantemente pelo anúncio do querigma.

---

33 PAPA FRANCISCO. *Mensagens e homilias – JMJ, Rio 2013*, p. 90.

CAPÍTULO 2

PALAVRA DE DEUS, VIDA E MISSÃO NAS COMUNIDADES

62. A comunidade cristã encontra sua inspiração na Palavra testemunhada e anunciada por Jesus, em nome do Pai, e confiada aos apóstolos (cf. Lc 10,16). Pela Palavra de Cristo a Igreja existe e age guiada pelo Espírito Santo. Assim, o cristão encontra no modelo de vida de Jesus e dos apóstolos sua inspiração para ser comunidade. Para que a paróquia conheça uma conversão pastoral, é preciso que se volte às fontes bíblicas, revisitando o contexto e as circunstâncias nas quais o Senhor estabeleceu a Igreja. Assim, poderá identificar elementos que permitam compreender a paróquia como *Comunidade de comunidades.*

2.1 A comunidade de Israel

63. No antigo Israel, a comunidade era firmada pela Aliança com Deus, determinando a vida familiar, comunitária e social. Na observância da Lei e na escuta dos profetas, encontrava-se o fundamento da adoração a Deus e da promoção da justiça com todos. Israel é o povo eleito e convocado por Deus

(*qahal Yahweh*). É a assembleia dos chamados por Deus para formarem o seu povo santo.

64. As famílias de Israel se reuniam como comunidade religiosa e social. A experiência familiar e comunitária marcou a constituição do Povo de Deus em diversas épocas: Abraão, como pai da grande nação; Isaac e Israel como patriarcas das doze tribos; Moisés, como libertador da escravidão e organizador do povo em pequenos grupos; os juízes ungem os primeiros reis; os profetas anunciam a vontade de Deus e denunciam a infidelidade à Aliança; e o exílio remete à saudade da Terra Prometida. Diversos processos formaram o grupo que foi fortalecendo seus vínculos, especialmente após o exílio.

65. No tempo de Jesus, a vida comunitária em Israel estava se desintegrando. A estrutura da sinagoga continuava existindo, mas a comunidade estava se enfraquecendo. Os impostos aumentavam e endividavam as famílias (cf. Mt 22,15-22; Mc 12,13-17; Lc 20,26). A ameaça de escravidão crescia e levava as famílias a se fecharem dentro das suas próprias necessidades. Muitas pessoas ficavam sem ajuda e sem defesa, como as viúvas, os órfãos e os pobres (cf. Mt 9,36).

66. Jesus participava da vida comunitária de Israel. Ele rezava todos os dias, de manhã, ao meio-dia e ao pôr do sol, como todo seu povo. Aos sábados,

participava das reuniões da comunidade na sinagoga (cf. Lc 4,16). Anualmente, participava das peregrinações para visitar o Templo em Jerusalém (cf. Lc 2,41-52; Jo 2,13; 5,1; 7,14; 10,22). Dessa forma, Jesus apoiava a experiência comunitária da vivência da fé e, ao mesmo tempo, manifestava progressivamente que Ele é o Senhor do sábado e expressão definitiva da Palavra de Deus.

2.2 Jesus: o novo modo de ser pastor

67. Jesus se apresentava como o Bom Pastor (cf. Jo 10,11). Com bondade e ternura acolhia o povo, sobretudo os pobres (cf. Mc 6,34; Mt 11,28-29). Seu agir revelava um novo jeito de cuidar das pessoas. Ele ia ao encontro delas, estabelecendo com as mesmas uma relação direta e acolhedora. Jesus apresentava um caminho de vida nova: "Vinde a mim, todos vós que estais cansados e carregados de fardos, e eu vos darei descanso" (Mt 11,28-30).

68. Jesus tinha um cuidado especial para com os doentes (cf. Mc 1,32), afastados do convívio social, porque eram considerados castigados e viviam de esmolas. Lançava-lhes um novo olhar, por isso tocava-os para curá-los, tanto da enfermidade quanto da exclusão social.

69. Jesus anunciava a Boa-Nova do Reino para todos. Não excluía ninguém. Oferecia um lugar aos que

não tinham vez na convivência humana. Recebia como irmão e irmã aqueles que o sistema religioso e a sociedade desprezavam e excluíam: prostitutas e pecadores (cf. Mt 21,31-32); pagãos e samaritanos (cf. Lc 7,2-10); leprosos e possessos (cf. Mt 8,2-4;); mulheres, crianças e doentes (cf. Mc 1,32;); publicanos e soldados (cf. Lc 18,9-14); e muitos pobres (cf. Mt 5,3).

70. Jesus andou pelos povoados da Galileia anunciando ao povo o Reino de Deus (cf. Mc 1,14-15). Ele ensinava (cf. Mc 2,13) e o povo ficava admirado com sua pregação ligada ao cotidiano da vida (cf. Mc 12,37). As parábolas mostravam sua capacidade de comparar as coisas de Deus com a simplicidade da vida: sal, luz, semente, crianças e pássaros. Jesus ensinava de forma interativa, pois levava as pessoas a participarem da descoberta da verdade. Por isso, o povo percebeu "um ensinamento novo e com autoridade" (Mc 1,27). Sua própria vida era o testemunho do que ensinava.

2.3 A comunidade de Jesus na perspectiva do Reino de Deus

71. Jesus tinha a certeza da presença do Espírito de Deus em sua vida e a consciência clara de ser chamado para anunciar a Boa-Nova aos pobres, proclamar a libertação aos presos, recuperar a visão

dos cegos, libertar os oprimidos e anunciar um ano de graça da parte do Senhor (cf. Lc 4,18-19).

72. Ele valorizou a casa das famílias. Durante os três anos em que andou pela Galileia, visitou pessoas e famílias, entrou na casa de Pedro (cf. Mt 8,14), de Mateus (cf. Mt 9,10), de Zaqueu (cf. Lc 19,5), entre outros. O povo procurava Jesus na sua casa (cf. Mt 9,28; Mc 1,33). Quando ia a Jerusalém, hospedava-se em Betânia, na casa de Marta, Maria e Lázaro (cf. Jo 11,3). Ao enviar os discípulos, deu-lhes a missão de entrar nas casas do povo e levar a paz (cf. Mt 10,12-14). "Entrar na casa" significava entrar na vida daquela pequena comunidade que nela habitava.

73. Jesus, porém, não se deteve no entusiasmo individual de alguns, por isso constituiu o grupo dos Doze Apóstolos (cf. Mc 1,16). O número doze remete às tribos de Israel, dessa forma, a comunidade de Jesus dará início ao novo Povo de Deus. Ao redor de Jesus, nasceu uma pequena comunidade de discípulos missionários à qual foram revelados os mistérios do Reino de Deus (cf. Mc 1,16-20; 3,14).

74. A comunidade de apóstolos e discípulos foi aprendendo com Jesus um novo jeito de viver:

a) na *comunhão com Jesus*: percebendo que todos são irmãos e irmãs, por isso ninguém devia aceitar o título de mestre, nem de pai, nem de guia (cf. Mt 23,8-10);

b) na *igualdade de dignidade*: todos encontram a unidade em Cristo (cf. Gl 3,28), sendo assim homem e mulher passam a ter a mesma dignidade nessa comunidade, contrariando a noção de que a mulher fosse inferior ao homem. Jesus revelou-se de modo surpreendente às mulheres: à samaritana disse ser o Messias (cf. Jo 4,26); a Madalena apareceu por primeiro depois de ressuscitado e a enviou para anunciar a Boa-Nova aos apóstolos (cf. Mc 16,9-10; Jo 20,17);

c) na *partilha dos bens*: na comunidade, ninguém tinha nada de próprio (cf. Mc 10,28). Jesus não tinha onde reclinar a cabeça (cf. Mt 8,20), mas havia uma caixa comum que era partilhada também com os necessitados (cf. Jo 13,29). Nas viagens, o discípulo deveria confiar na acolhida e na partilha que receberia do povo (cf. Lc 10,7);

d) na *amizade*: onde ninguém é superior nem escravo: "Já não vos chamo servos, porque o servo não sabe o que faz o seu Senhor. Eu vos chamo amigos, porque vos dei a conhecer tudo o que ouvi do meu Pai" (Jo 15,15);

e) no *serviço*: como nova forma de entender o poder. "Os reis das nações dominam sobre elas e os que exercem o poder se fazem chamar benfeitores. Entre vós não deve ser assim" (Lc 22,25-26). "Quem quiser ser o maior entre vós seja aquele que vos serve!" (Mc 10,43). Jesus mesmo deu o exemplo (cf. Jo 13,15), pois não veio para ser servido, mas para servir e doar a vida (cf. Mt 20,28);

f) no *perdão*: seria a marca de uma comunidade de Cristo. O poder de perdoar foi dado a Pedro (cf. Mt 16,19), aos apóstolos (cf. Jo 20,23) e às comunidades (cf. Mt 18,18);

g) na *oração em comum*: eles iam juntos em romaria ao Templo (cf. Jo 2,13; 7,14; 10,22-23), rezavam antes das refeições (cf. Mc 6,41; Lc 24,30) e frequentavam as sinagogas (cf. Lc 4,16). Em grupos menores, Jesus se retirava com eles para rezar (cf. Lc 9,28; Mt 26,36-37); e

h) na *alegria*: expressão de que o Reino de Deus chegara e a salvação estava próxima: "Antes, ficai alegres porque seus nomes estão escritos no céu" (Lc 10,20), e seus olhos veem a realização da promessa (cf. Lc 10,23), o Reino é vosso! (cf. Lc 6,20). É a alegria que convive com dor e perseguição (cf. Mt 5,11).

75. Jesus também apresentou quatro recomendações para a missão dos discípulos:

a) *hospitalidade*: a atitude do missionário devia provocar o gesto comunitário da hospitalidade (cf. Lc 9,4; 10,5-6). Os discípulos e as discípulas não deviam levar nada nem mesmo duas túnicas (cf. Mt 10,9-10). A única coisa que levavam era a paz (cf. Lc 10,5);

b) *partilha*: não deveriam andar de casa em casa, mas ficar hospedados na primeira casa em que fossem acolhidos, isto é, eram chamados a conviver de maneira estável como membros da comunidade que lhes dava sustento (cf. Lc 10,7);

c) *comunhão de mesa*: deveriam comer o que o povo lhes oferecesse (cf. Lc 10,8). Outros missionários (cf. Mt 23,15) iam prevenidos: levavam sacola e dinheiro para cuidar da sua própria comida, pois não confiavam na comida do povo que nem sempre era ritualmente "pura". Para os discípulos de Jesus, o valor comunitário da convivência fraterna prevalecia sobre a observância de normas e rituais; e

d) *acolhida aos excluídos*: por isso curavam os doentes, libertavam os possessos, purificavam os leprosos (cf. Lc 10,9; Mt 10,8); com esses sinais reconstruíam a vida comunitária e social de muitos marginalizados da época.

76. Essas recomendações sustentavam a vida dos missionários do Evangelho. Tratava-se de uma nova forma de ser e agir numa sociedade marcada por grandes contrastes. O Reino de Deus implica

sempre uma nova maneira de viver e conviver, nascida da Boa-Nova que Jesus anunciou.

2.4 As primeiras comunidades cristãs

77. Na manhã de Páscoa, a comunidade dos discípulos fez a experiência do encontro com Jesus ressuscitado (cf. Lc 24,1-8). Os discípulos reconheceram que o crucificado havia ressuscitado dos mortos e sido glorificado como Filho de Deus, com dignidade divina (cf. Jo 20,28). O Ressuscitado transmitiu aos apóstolos o Espírito Santo, para que se tornassem testemunhas do Evangelho. O poder do Espírito Santo, recebido no dia de Pentecostes (cf. At 2), concedeu diversos carismas que acompanhavam o anúncio evangélico. O mesmo Espírito guiou as decisões fundamentais da Igreja para ser uma comunidade evangelizadora: admitir os pagãos (cf. At 8,29-39); superar obstáculos da Lei Mosaica (cf. At 5,28); e fazer missão no mundo pagão (cf. At 13,2-3).

78. Partindo de Jerusalém, os apóstolos criaram comunidades nas quais a essência de cada cristão se define como filiação divina. Essa se dá no Espírito Santo pela relação entre fé e Batismo. Assim, os seguidores de Jesus começaram a se reunir para expressar sua fé em Jesus e mostrar o caminho que ele propunha. Convocada por Deus, a comunidade

primitiva era a reunião dos fiéis que sentiram o mesmo chamado.

79. Nos Atos dos Apóstolos, Lucas apresenta a inspiração para toda a comunidade cristã: "Eles eram perseverantes em ouvir o ensinamento dos apóstolos, na comunhão fraterna, na fração do pão e nas orações" (At 2,42). Merece destaque o verbo *perseverar*, indicando que a vida cristã é um comportamento constante em vista do crescimento. Os primeiros cristãos trilhavam um caminho buscando se manterem fiéis à proposta do Evangelho.

80. Toda comunidade cristã se inspira nos quatro elementos distintivos da Igreja primitiva:

a) o *ensinamento dos apóstolos*: a palavra dos apóstolos é a nova interpretação da vida e da lei a partir da experiência da ressurreição. Os cristãos tiveram a coragem de romper com o ensinamento dos escribas, os doutores da época, e passaram a seguir o testemunho dos apóstolos. Eles consideravam a palavra dos apóstolos como Palavra de Deus (cf. 1Ts 2,13);

b) a *comunhão fraterna*: indica a atitude de partilha de bens. Os primeiros cristãos colocavam tudo em comum a ponto de não haver necessitados entre eles (cf. At 2,44-45; 4,32; 34-35). O ideal era chegar a uma partilha não só dos bens materiais, mas também dos bens espirituais, dos sentimentos e da experiência de vida, almejando uma convivência que superasse as barreiras provenientes das tradições religiosas, classes sociais, sexo e etnias (cf. Gl 3,28; Cl 3,11; 1Cor 12,13);

c) a *fração do pão (Eucaristia)*: herança das refeições judaicas, principalmente a ceia pascal, nas quais o pai partilhava o pão com os filhos e com aqueles que não tinham nada. Para os primeiros cristãos, a expressão lembrava as muitas vezes em que Jesus tinha partilhado o pão com os discípulos (cf. Jo 6,11). Lembrava o gesto que abriu os olhos dos discípulos para a presença viva de Jesus no meio da comunidade (cf. Lc 24,30-35). A fração do pão era feita nas casas (cf. At 2,46; 20,7); e

d) as *orações*: por meio delas os cristãos permaneciam unidos a Deus e entre si (cf. At 5,12b), e se fortaleciam na hora das perseguições (cf. At 4,23-31). Os apóstolos atestavam que não poderiam anunciar bem o Evangelho se não se dedicassem à oração assídua (cf. At 6,4).

81. A perseverança na doutrina dos apóstolos, na comunhão fraterna, na fração do pão e nas orações unia os seguidores de Jesus na mesma família e estreitava sempre mais seu vínculo com Cristo e com os irmãos. Essa experiência permitia que a própria

existência da comunidade fosse essencialmente missionária: "Louvavam a Deus e eram estimados por todo o povo. E, cada dia, o Senhor acrescentava a seu número mais pessoas que eram salvas" (At 2,47).

2.4.1 A COMUNHÃO

82. A comunhão fundamentava-se na experiência eucarística e se expandia nas diversas dimensões da vida pessoal, comunitária e social: "Porque há um só pão, nós, embora sendo muitos, somos um só corpo, pois todos participamos desse único pão" (1Cor 10,17). Para Paulo, a comunhão com Cristo se realiza na ceia do Senhor (cf. 1Cor 10,14 ss). Ela é plena *koinonia* em algo – pão e vinho – e com alguém – Jesus Cristo. A Eucaristia nutre a esperança da realização plena do cristão no mistério de Cristo. Ela sustenta a fé e a esperança na vinda de Cristo na *parusia*, por isso proclama o *Maranathá* (Vem, Senhor!). A resposta da comunidade ao dom do Pai, que é a comunhão no Corpo e Sangue do Senhor, se realizava no comportamento ético e no compromisso com todos os sofredores da história.

83. São Paulo aplica o termo *koinonia* expandindo-o até as fronteiras para vencer as barreiras. Por isso, pede a Filêmon, seu amigo na fé, que acolha o escravo Onésimo como se fosse ele próprio (cf. Fm 1,17).

Onésimo havia se convertido à fé cristã na prisão. É por participar da mesma comunidade cristã, que Onésimo deve ser recebido por Filêmon como irmão e não mais como escravo. Naquela época, amizade e comunhão eram pensadas somente entre pessoas da mesma condição social. A comunhão cristã se expressava na unidade entre judeus e gregos, romanos e árabes, homens e mulheres, crianças e idosos (cf. At 2,6).

2.4.2 A PARTILHA

84. A comunidade primitiva vive a comunhão de bens: "Todos os que abraçavam a fé viviam unidos e possuíam tudo em comum; vendiam as suas propriedades e seus bens e repartiam o dinheiro entre todos, conforme a necessidade de cada um" (cf. At 2,44-45). A partilha não era imposta pelos apóstolos, mas expressão natural do amor a Cristo e aos irmãos. Isso implicava uma nova forma de entender até mesmo o dízimo. Enquanto para Israel era uma obrigação religiosa, a partilha de bens dos cristãos era manifestação autêntica e espontânea da fé: "que cada um dê conforme tiver decidido em seu coração, sem pesar, nem constrangimento, pois 'Deus ama a quem dá com alegria'" (2Cor 9,7).

85. As coletas que Paulo promove (cf. 2Cor 8-9) são sinais concretos de solidariedade e comunhão dos

cristãos convertidos do paganismo para com os judeu-cristãos de Jerusalém. O gesto aponta para uma realidade maior: a comunhão do ser humano com o Pai, em Cristo, se estende aos irmãos pela ação do Espírito Santo. O dom material é sinal visível da profunda relação das pessoas e da comunidade com a Trindade.

86. A comunhão de bens é uma atitude concreta vivida pela comunidade que surgiu da Páscoa. Todos colocam o que possuem a serviço dos outros, assim, os bens pessoais se tornam comunitários por livre-decisão da pessoa que participa da comunidade. Essa postura reflete a amizade que circula entre os seus membros. É reflexo da experiência que se faz do amor de Deus "que não poupou seu próprio Filho, mas o entregou por todos nós" (Rm 8,32).

2.4.3 A INICIAÇÃO CRISTÃ

87. Em Antioquia, pela primeira vez, os discípulos são chamados de cristãos (cf. At 11,26) para expressar a condição de batizados: seguidores de Cristo, o "ungido". O batizado também é ungido no Espírito Santo; o cristão é um homem novo, transformado em Cristo (cf. Rm 12,2). É nascido do alto, como disse Jesus a Nicodemos (cf. Jo 3,3).

88. Nos primeiros séculos, a comunidade cristã realizava o processo da iniciação dos futuros cristãos.

Antes de receber o Batismo, a Confirmação e a Eucaristia, o candidato passava por um processo que lhe permitia mergulhar no mistério de Cristo. Primeiramente, ele recebia o *querigma*, o primeiro e fundamental anúncio de Jesus Cristo como o Salvador da humanidade. O candidato deveria, pela fé, acolher Cristo como seu Salvador (*pré-catecumenato*). Após essa decisão, ele era acompanhado por membros da comunidade no *catecumenato* com instruções, ritos e bênçãos que permitiam compreender melhor a vida cristã. A entrada no catecumenato e a eleição para receber os sacramentos eram marcadas por ritos comunitários que instituíam os catecúmenos.

89. Ocorria, então, a formação fundamentada na doutrina dos apóstolos (cf. At 2,42) que se dava tanto pela pregação quanto pela catequese. A iniciação cristã cuidava de instruir os catecúmenos tanto na adesão à pessoa de Jesus Cristo quanto na vida comunitária e no novo jeito de agir na sociedade e na família. O ensinamento de Jesus Cristo era retomado na doutrina dos apóstolos como reflexão que se adaptava às situações e ao público ao qual se dirigia. O catecúmeno participava das celebrações da Palavra; durante a celebração eucarística, contudo, era convidado a se retirar ao serem concluídas as preces. Ele só participaria da liturgia eucarística

após receber o Batismo e a Crisma. Nesse itinerário, a comunidade fazia uma formação forte e gradual para que a pessoa compreendesse o mistério do qual era convidada a participar.

90. Na Quaresma, ocorriam a *purificação* e a *iluminação*: uma preparação intensa para a recepção dos sacramentos da iniciação cristã. Nessa fase, sondavam-se as motivações profundas do candidato, que recebia acompanhamento da oração de toda a comunidade. Na vigília pascal, o candidato, aceito pela comunidade, era batizado, crismado e recebia o Corpo e Sangue do Senhor, em uma única celebração. Assim, o neófito se tornava um homem novo, configurado em Cristo. Sua formação era continuada no tempo pascal com a *mistagogia*, quando o cristão aprofundava os mistérios dos quais participava como herdeiro da vida eterna. Toda comunidade acompanhava, formava e conduzia todo esse processo de iniciação.

2.4.4 A MISSÃO

91. Como Jesus é o enviado do Pai para cumprir a sua vontade (cf. Hb 3,1), os cristãos receberam o envio de Jesus: "Ide, pois, fazer discípulos entre todas as nações" (Mt 28,19). Trata-se da missão de anunciar a Boa-Nova da salvação a toda criatura (cf. Mc 16,15) até os confins da Terra (cf. At 1,8).

92. Em razão disso, a comunidade cristã anuncia Jesus Cristo e acolhe novos membros que, pelo Batismo, se tornam discípulos do Senhor, para testemunharem com palavras e gestos o Evangelho do Reino de Deus. Essa missão impulsiona as comunidades a expandirem a mensagem de Cristo além de suas fronteiras geográficas. Fizeram como Jesus fazia: "Vamos a outros lugares, nas aldeias da redondeza, a fim de que, lá também, eu proclame a Boa-Nova. Pois foi para isso que eu saí" (Mc 1,38). Por essa razão, as viagens missionárias de Paulo constituíram comunidades cristãs em diferentes regiões do mundo antigo.

93. A missão é sustentada especialmente por casais missionários: Prisca e Áquila (cf. Rm 16,3-5) colaboradores de Paulo; Andrônico e Júnia (cf. Rm 16,7), chamados de apóstolos notáveis. Eles são judeu-cristãos e auxiliam Paulo em sua missão. Prisca e Júnia revelam a presença missionária das mulheres no primeiro século. Igualmente Evodia e Síntique (cf. Fl 4,2) trabalhavam para a expansão do Evangelho no mundo antigo. O carisma das mulheres é fundamental para entender a obra missionária das origens, por isso Paulo pôde sentenciar que diante do Evangelho todos têm a mesma dignidade: não há homem nem mulher (cf. Gl 3,28).

2.4.5 A ESPERANÇA

94. Devido à ressurreição de Cristo, os cristãos são testemunhas da esperança. A ressurreição é o anúncio central da comunidade que deve viver e testemunhar a mensagem pascal. Essa experiência é vivida nas liturgias cristãs, que são pascais. A Igreja, esposa de Cristo, vive da certeza de que um dia habitará na tenda divina, na casa da Trindade, numa Aliança nova e eterna com Deus (cf. Ap 21,2-5).

95. Há um elemento fundamental para compreender a vida dos primeiros cristãos: sua esperança na vinda de Jesus Cristo no fim dos tempos. Por isso eles pregam a conversão especialmente de Israel que deve acolher seu Messias. Dessa forma, o grupo se define como o verdadeiro Israel, a verdadeira *Qahal* que é a reunião do povo da Aliança. Mesmo quando os cristãos anunciam a Boa-Nova para os não judeus, o conceito de "Povo de Deus" é mantido. Até mesmo os pagãos e as pequenas comunidades nascidas das missões, se compreendem como membros desse "Novo Povo de Deus" que espera o Senhor que virá.

96. A esperança no Cristo que virá faz a comunidade sentir-se peregrina: forma o povo de Deus a caminho do Reino. Assistida pelo Espírito de Jesus Cristo, consciente do amor do Pai que revelou a salvação, a comunidade caminha rumo à Pátria (cf. Fl 3,20). A comunidade faz a experiência de

reunir os herdeiros do Reino. Quem entra numa comunidade cristã encontra um ambiente de vida e se sente envolvido pelo movimento que vai da morte para a vida plena.

97. O Novo Testamento, assim, permite identificar os cristãos como peregrinos e, ao mesmo tempo, como os seguidores do Caminho (cf. At 16,17). Afinal, a Igreja, comunidade de fiéis, é integrada por *estrangeiros* (cf. Ef 2,19), pelos que *estão de passagem* (cf. 1Pd 1,7), ou ainda, pelos *imigrantes* (cf. 1Pd 2,11), ou *peregrinos* (cf. Hb 11,13). Sempre indica que o cristão não está em sua pátria definitiva (cf. Hb 13,14), que deve se comportar como quem se encontra fora da pátria (cf. 1Pd 1,17). O cristão é caminheiro. Ele segue o caminho da salvação (cf. At 16,17).

2.5 A Igreja-comunidade

98. No tempo dos apóstolos e das primeiras pregações do cristianismo, a civilização urbana se expandia pela bacia do mar Mediterrâneo e as cidades promoviam uma revolução social e cultural. Paulo funda comunidades nas cidades mais importantes do Império e entra na nova organização social que emergia. Enquanto as comunidades do cristianismo palestinense eram profundamente itinerantes, a

proposta de Paulo sugeria um cristianismo de forma sedentária.

99. Por isso Paulo usa a imagem da casa, lugar estável onde se reúne a família. Ele emprega o conceito *Igreja Doméstica*, indicando que as comunidades se reuniam na casa dos cristãos. As comunidades de Jerusalém, Antioquia, Roma, Corinto e Éfeso, entre outras, são comunidades formadas por Igrejas Domésticas: as casas serviam de local de acolhida dos fiéis que ouviam a Palavra, repartiam o pão e viviam a caridade que Jesus ensinou. Paulo faz da casa a estrutura fundamental das Igrejas por ele fundadas.

100. A Igreja do Novo Testamento será denominada como *ekklesia tou theou*, isto é, como assembleia convocada por Deus. O conceito *ekklesia* indicava a comunidade reunida para a liturgia, para ouvir a Palavra de Deus e celebrar a Ceia (cf. 1Cor 11,18); era empregado também para "comunidade doméstica", isto é, os cristãos que se reuniam nas casas para celebrar a liturgia (cf. Rm 16,5); expressava, igualmente, a comunidade local de todos os cristãos que viviam numa determinada cidade (cf. At 11,22); enfim, designava a comunidade inteira dos cristãos, onde quer que residissem (cf. At 9,31).

101. A comunidade de Jerusalém se denomina *ekklesia* de Deus (cf. 1Cor 15,9). *Ekklesia*, no grego, significa

reunião pública, que tem o seu equivalente no Antigo Testamento, conforme a Tradução dos Setenta, com o termo *qahal*, designando a reunião do povo da antiga Aliança. A comunidade cristã primitiva é compreendida, portanto, como o povo eleito de Deus, o verdadeiro Israel. Contudo, há uma diferença, a eleição não se reduz aos judeus, pois se estende a todos que creem no Cristo. Também os pagãos são chamados a essa *ekklesia*.

102. A comunidade cristã também foi marcada por manifestações poderosas do Espírito Santo. Ocorreram fenômenos como curas, profecias e visões. Eram dons do Espírito Santo que confirmavam os apóstolos e os discípulos de Jesus. A comunidade primitiva foi marcada pela experiência da presença viva do Espírito Santo, pois o Reino de Deus se revela na palavra e nas obras. A Igreja primitiva anunciava Jesus Cristo com palavras e obras que comunicavam a salvação já operante na história. Assim, a salvação já estava presente mesmo que sua plenitude ainda não tivesse chegado.

2.6 Breve conclusão

103. Na visão bíblica o ser humano não é concebido como indivíduo isolado e autônomo. Ele é membro de uma comunidade, faz parte do povo da

Aliança, encontra sua identidade pessoal como membro do Povo de Deus. A mesma noção perpassa o Novo Testamento com elementos novos. Utiliza-se a ideia de Corpo de Cristo, do qual cada pessoa é membro. Assim, biblicamente, o ser humano se forma nas relações que estabelece com a comunidade de fé. Se para Israel o eixo integrador era a Aliança feita com Deus, no Novo Testamento será a pessoa de Jesus Cristo quem estabelece a nova e eterna Aliança, centro da experiência pessoal e comunitária da Igreja primitiva.

104. Os primeiros cristãos formarão o novo Povo de Deus (1Pd 2,10). Essas primeiras comunidades de cristãos servem de inspiração para toda comunidade que pretenda ser discípula missionária de Jesus Cristo. Para tanto, seus membros prestarão o culto devido a Deus, cuidarão uns dos outros, formarão comunidades de amizade e caridade, partilharão os bens, serão fiéis à doutrina dos apóstolos e viverão na comunhão da Igreja, se comprometerão com a missão de anunciar e testemunhar Jesus, o Cristo.

105. O Novo Testamento não oferece um modelo único de comunidade cristã. Mas apresenta elementos e critérios comuns para a vivência comunitária da

fé cristã nos diferentes contextos culturais e em épocas distintas. Por isso, "a Igreja, fiel a Cristo e guiada pelo Espírito Santo, não deveria ter medo de aceitar e de criar novos modelos, satisfazendo assim as exigências de sua vida e missão nos diversificados contextos em que atua".[34]

---

34 CNBB. *Missão e ministérios dos cristãos leigos e leigas*, n. 80.

Capítulo 3

SURGIMENTO DA PARÓQUIA E SUA EVOLUÇÃO

106. A dimensão comunitária da fé cristã conheceu diferentes formas de se concretizar historicamente, desde a Igreja Doméstica até chegar à paróquia na acepção atual. A paróquia é um instrumento importante para a construção da identidade cristã; é o lugar onde o cristianismo se torna visível em nossa cultura e história. É verdade que a origem da paróquia é marcada por um contexto cultural muito diferente do atual. Por isso, muitos aspectos históricos precisam ser recuperados e outros revistos, diante das mudanças de época e da necessidade de acentuar o sentido comunitário da fé cristã.

3.1 As comunidades na Igreja antiga

107. As comunidades cristãs primitivas transmitiram a Palavra de Jesus que pode ser reconhecida em todos os tempos. Apesar das dificuldades e dos insucessos, os primeiros cristãos não perderam sua esperança e mantiveram a fidelidade ao Reino de Deus. O cristianismo dos três primeiros séculos vivia de forma clandestina no Império Romano. As

comunidades sofreram perseguição e martírio. É o tempo dos Santos Padres, quando a Igreja precisou delinear melhor os carismas e ministérios, especialmente, definindo melhor a função dos bispos, presbíteros e diáconos. A comunidade era um refúgio para os cristãos que viviam numa sociedade de contrastes.

108. Naquele contexto aprofundou-se a ideia de fraternidade cristã, de tal forma que as comunidades sentiam-se responsáveis umas pelas outras. Os membros da comunidade se tratavam como irmãos e se distinguiam dos costumes pagãos. O sentimento de irmandade se expressava no cuidado e na assistência a todos que necessitavam de auxílio, especialmente viúvas, desempregados, presos, órfãos, velhos e doentes. Nesse tempo, desenvolveu-se a prática do jejum, por meio do qual os cristãos destinavam aos pobres tudo o que deixavam de consumir. As comunidades sustentavam muitas obras de caridade com a prática penitencial do jejum.

109. A Igreja vivia numa sociedade com valores estranhos aos cristãos. Esses formavam grupos numericamente reduzidos. O sistema social das comunidades cristãs era tão organizado que até mesmo os não cristãos poderiam receber ajuda. Aquele estilo de vida das comunidades implicava uma recusa cristã

diante de práticas como a do abandono de crianças recém-nascidas e a adoração aos deuses.

110. A carta a Diogneto condensa a condição da comunidade cristã de "estar no mundo" sem se identificar com ele. "Vivem na sua pátria, mas como forasteiros; participam de tudo como cristãos e suportam tudo como estrangeiros. Toda pátria estrangeira é pátria deles, e cada pátria é estrangeira. Casam-se como todos e geram filhos, mas não abandonam os recém-nascidos. Põem a mesa em comum, mas não o leito; estão na carne, mas não vivem segundo a carne; moram na terra, mas têm sua cidadania no céu; obedecem as leis estabelecidas, mas com sua vida ultrapassam as leis (…) são pobres, e enriquecem a muitos; carecem de tudo, e têm abundância de tudo".[35]

3.2 A origem das paróquias

111. Em 313, o edito de Milão declarou a liberdade religiosa para todo o Império Romano. Com o fim da perseguição, os cristãos podiam viver na sociedade e manifestar publicamente sua fé. Assim começou a crescer o número de cristãos e, com o edito de Tessalônica em 381 – emanado pelo Imperador

---

35 CARTA A DIOGNETO, n. 5,5-13. In: *Padres Apologistas*. São Paulo: Paulus, 1995, p. 22-23.

Teodósio, tornando o cristianismo religião oficial do império – as assembleias cristãs ficaram cada vez mais massivas e anônimas. Aos poucos o cristianismo se tornou a religião da maioria no império.

112. As comunidades cristãs passaram a se organizar em total correspondência com a vida social, estabelecendo-se territorialmente e organizando-se administrativamente. A relação igreja-casa se enfraqueceu; criaram-se, no final do século III, locais fixos chamados *domus ecclesiae*, para as diversas reuniões da comunidade, sob a direção de um presbítero. No final do século IV, esses locais fixos de culto eram chamados, em Roma, de *titulus*. Chamavam-se paróquias as comunidades rurais afastadas da cidade onde moravam o bispo e seu presbitério. Porém, no século V, o sistema paroquial adquire maior autonomia com os presbíteros que estão à sua frente, desenvolvendo várias funções como: presidir a Eucaristia, batizar e promover a reconciliação, sendo considerados delegados do bispo. Aos poucos, o sistema paroquial vai se impor também na cidade, sendo os locais fixos de reuniões, existentes nas cidades, transformados em paróquias territoriais. A territorialidade determinou a transformação social das comunidades cristãs primitivas em paróquias. Diminuiu a força da pequena comunidade com seus muitos carismas para

fortalecer as unidades paroquiais territoriais. A diocese emergiu como expansão das comunidades eclesiais urbanas.

113. Para garantir a unidade da Igreja, concretamente expressa na Eucaristia presidida pelo bispo, instituiu-se o *fermentum*, fragmento do pão consagrado, levado às comunidades para ser imerso no cálice da missa presidida pelo presbítero. Com isso, indicava-se que a Eucaristia da comunidade era um prolongamento da Eucaristia episcopal. Traduzia-se, assim, a comunhão entre a comunidade paroquial animada pelo presbítero e a Igreja Particular, coordenada pelo bispo.

114. Outro elemento importante a ser considerado é a reorganização da iniciação cristã no Ocidente. O presbítero realizava os ritos batismais, porém a consumação ou perfeição (a atual crisma) ficava reservada ao bispo, como ministro da unidade e da comunhão da Igreja local.

115. As paróquias, originalmente rurais, se estenderam pelas cidades devido ao crescimento populacional, em razão da impossibilidade de o bispo atender com seu presbitério aos povoados mais distantes. A paróquia, com o tempo, passaria a ser essencialmente a Igreja instalada na cidade. As paróquias eram grandes ou pequenas, de acordo com o tamanho

das cidades. A comunidade eclesial era episcopal e urbana.

116. Em 476, ocorreu o fim do Império Romano no Ocidente com a invasão dos bárbaros. Eles assimilaram a cultura romana, a monarquia, o latim e a autoridade da Igreja Católica. Uma nova etapa começou para as comunidades cristãs. A paróquia medieval era uma grandeza teológica na qual se desenvolvia a vida inteira das pessoas, pois, além da agregação religiosa, também influenciava na economia e na educação da região em que se situava. Havia uma estreita ligação entre Igreja, Estado e sociedade. Nesse período, aparecem ordens religiosas e mosteiros atraindo pessoas que buscavam uma espiritualidade que a paróquia não conseguia proporcionar.

117. No início do segundo milênio, emergiu a noção de mundo dividido entre dois poderes: o temporal e o espiritual, sendo este último considerado superior, pois o Papa coroava o Imperador. A vida cristã, naquele contexto, conheceu uma novidade importante quando um monge do mosteiro de Cluny foi eleito Papa e assumiu o nome de Gregório VII (1073-1085). Ele promoveu a *Reforma Gregoriana,* que pretendia fazer a Igreja regressar às suas origens e afirmar o poder papal, diante das ameaças dos senhores feudais. A reforma foi uma resposta

aos problemas de seu tempo, mas, aos poucos, desenvolveu-se a noção de Igreja mais como instituição jurídica do que sacramental. A paróquia permaneceu sendo uma referência para os cristãos.

118. O Concílio de Trento, no século XVI, mesmo considerando as novas condições sociais, culturais e religiosas surgidas do Renascimento e da Reforma Protestante, não modificou o perfil estrutural da paróquia. Insistiu, porém, que o pároco residisse na paróquia e instituiu o seminário para formar o clero.[36] Estabeleceu os critérios de territorialidade e propôs a criação de novas paróquias para enfrentar o problema do crescimento populacional. As determinações do Concílio de Trento delinearam substancialmente o modelo de paróquia que chegou até o Concílio Vaticano II.

3.3 A formação das paróquias no Brasil

119. No século XVI, o catolicismo chegou ao Brasil e foi marcado pelas ordens religiosas e as irmandades de fiéis. Nas principais cidades, havia várias igrejas de diferentes ordens religiosas que insistiam em devoções particulares. Cada fiel aderia a uma associação religiosa de acordo com sua preferência ou santo de veneração. Entretanto, a vida cristã,

---

36 Cf. *Sessio Vigesima Tertia*, cap. VI e cap. XVIII.

alinhada às ordens religiosas, ficou comprometida em 1855, com algumas medidas do Império que fechou os noviciados brasileiros. As irmandades ficaram abaladas, algumas desapareceram e outras se secularizaram. Resistiu e ainda resiste, no Brasil, um catolicismo de tradições populares com suas festas e devoções. Naquele contexto, as paróquias permaneceram como a única instância institucional do catolicismo no país.

120. Com a proclamação da República em 1889, a situação mudou. Houve a chegada de congregações religiosas europeias ao Brasil. Elas tiveram atuação semelhante ao que se fazia no catolicismo da Europa no século XIX, que enfatizava muito a escola católica. Na época, as dificuldades eram significativas: um padre deveria atender a extensas regiões geográficas, ficando sobrecarregado com a administração e recebendo alguma ajuda do laicato, mais de provisão material. Nas cidades grandes, alguns religiosos, mais ocupados com escolas, assumiram também paróquias para colaborar com os bispos frente ao crescimento das populações urbanas. Diante da pluralidade de congregações e carismas, apostolados e atuações, não havia preocupação de formar uma unidade entre as paróquias.

121. Cresceu um catolicismo brasileiro caracterizado pela intensa participação do leigo em associações,

onde há muita reza e pouca missa. O leigo atuava especialmente na capela, onde se rezava o rosário e se realizavam as procissões. No século XIX ocorreu o chamado processo de *restauração*, quando se introduziu no Brasil a reforma tridentina e se tentou paroquializar a capela onde se preservava o catolicismo leigo e popular. Permaneceu, entretanto, a busca por festas, procissões, culto aos santos e rezas por parte dos leigos. O clero insistia na formação moral e dogmática da fé. A paróquia ficou sendo identificada como o lugar exclusivo do padre. O catolicismo popular sobreviveu sem se alinhar muito à vida paroquial.

122. Isso influenciou na situação das comunidades paroquiais brasileiras, especialmente no comportamento de seus batizados. Esses percebem a paróquia como sendo o lugar mais adequado para receber os sacramentos e atender às suas necessidades religiosas. Por isso muitos se dizem "católicos não praticantes", isto é, declaram-se católicos, mas somente procuram a igreja paroquial quando devem participar de atos religiosos ou buscar atendimento sacramental.

123. No período pré-industrial, a paróquia abraçava a sociedade local em suas diferentes manifestações e diversos ambientes. Era uma comunidade territorial que se orientava, sobretudo, para atender às famílias católicas. A paróquia, segundo o Código de Direito

Canônico de 1917, era concebida como a menor circunscrição local, pastoral e administrativa.[37]

3.4 A paróquia no Concílio Ecumênico Vaticano II

124. O Concílio Vaticano II não tem um documento específico sobre a paróquia, contudo, apresenta uma chave de leitura muito importante: a Igreja Particular. A Igreja de Cristo está presente na Igreja Particular.[38] A paróquia, porém, não é a Igreja Particular no sentido estrito, pois ela está em rede, isto é, em comunhão com as demais paróquias que formam a diocese, que é a Igreja Particular. Para o Concílio Vaticano II, portanto, a paróquia só pode ser compreendida a partir da diocese. Em termos eclesiológicos, pode-se dizer que ela é uma "célula da diocese".[39] Ela é, ainda, nos documentos conciliares, denominada "comunidade local dos fiéis",[40] "Igreja visível estabelecida em todo o mundo".[41] A Igreja Particular é apresentada como porção (*portio*) do Povo de Deus;[42] a paróquia, entretanto,

---

37 Cf. Cân., n. 215 ss.
38 LG, n. 26.
39 AA, n. 10.
40 Cf. LG, n. 28
41 SC, n. 42.
42 Cf. CD, n. 11.

é entendida como parte (*pars*) da Igreja Particular (diocese).

125. O Concílio reflete sobre a Igreja Particular partindo da Eucaristia e insiste no valor da Igreja reunida em assembleia eucarística. Ela é fonte e cume de toda a vida cristã, em que se realiza a unidade do Povo de Deus.[43]

126. A comunidade se expressará na comunhão dos seus membros entre si, com as outras comunidades e com toda a diocese reunida em torno do seu bispo. Assim, a Igreja, que prolonga a missão de Jesus, há de ser compreendida primeiramente como comunhão (*communio*), pois sua raiz última é o mistério insondável do Pai que, por Cristo e no Espírito, quer que todas as pessoas participem de sua vida de infinita e eterna comunhão, na liberdade e no amor, vivendo como filhos e filhas na fraternidade.

127. O Concílio Vaticano II permitiu também alargar a compreensão da missão da Igreja no mundo. Integrando parágrafos da Constituição Dogmática *Lumen Gentium* com os textos da Constituição Pastoral *Gaudium et Spes,* foi possível realizar uma síntese que refletiu a visão da Igreja sobre si mesma e sobre sua relação com o mundo. A *Gaudium et Spes* indica que o mundo é o lugar dos discípulos

---

43 LG, n. 11.

que o Cristo convocou para formarem a Igreja.[44] Deriva dessa autocompreensão o sentido mais comunitário e missionário de paróquia.

128. O Decreto *Apostolicam Actuositatem*, sobre o apostolado dos leigos, enfatizou o caráter comunitário da vida cristã: "a paróquia apresenta um exemplo luminoso do apostolado comunitário, congregando num todo as diversas diferenças humanas que encontra e inserindo-as na universalidade da Igreja".[45] Insiste-se que a comunidade paroquial tenha maior abertura e deixe de ser autorreferencial: "para responderem às necessidades das cidades e das zonas rurais, mantenham (os leigos) sua cooperação não apenas limitada ao território da paróquia ou da diocese, mas façam o possível para estendê-la ao âmbito interparoquial, interdiocesano, nacional ou internacional, tanto mais que aumentando dia a dia a emigração das populações, a multiplicação dos mútuos liames e a facilidade dos meios de comunicação, já não permitem a nenhum grupo social permanecer fechado em si mesmo".[46]

---

44 GS, n. 1.
45 AA, n. 10.
46 AA, n. 10.

3.5 A renovação paroquial na América Latina e no Caribe

129. Na década de 1960, ocorreram sérias mudanças no contexto latino-americano: os regimes militares, a violação dos direitos humanos, o êxodo rural, o surgimento da consciência das causas do empobrecimento da população, as questões ideológicas e o aumento da violência determinaram um novo cenário social, econômico, político e cultural que afetou a população. A atuação das comunidades paroquiais não ficou alheia aos novos desafios. Muitas comunidades serviram de refúgios a perseguidos, de centros de denúncia de tortura e instância de reflexão em busca de justiça.

130. O drama vivido pelos povos latino-americanos se refletiu na 2ª Conferência Geral do Episcopado Latino-Americano em Medellín (Colômbia, 1968). Os bispos propuseram uma revisão da pastoral de conservação nas paróquias, sustentada na sacramentalização e na fraca evangelização.[47] Em meio aos conflitos daquele momento histórico, a Igreja na América Latina reforçou seu compromisso evangélico com a justiça e a verdade.

131. Medellín sugeriu a formação de comunidades eclesiais nas paróquias, as quais deveriam se basear

---

47 Cf. DM, n. 6,1.

na Palavra de Deus, de modo que seus membros tivessem sentimento de pertença e pudessem viver a solidariedade entre si. Insistiu na vivência comunitária e litúrgica da fé cristã, especialmente com a celebração da Eucaristia. Destacou que a vida em comunidade supõe um objetivo comum: "alcançar a salvação mediante a vivência de fé e de amor".[48] Para a formação e a expansão das comunidades, se sugeriu a instituição do diaconato permanente, conforme indicou o Concílio Vaticano II.[49] Apesar das ameaças dos sistemas políticos e sociais, muitas comunidades fortaleceram-se e animaram a vida de seus membros no espírito do Evangelho.

132. Em Puebla (México, 1979), realizou-se a 3ª Conferência Geral do Episcopado Latino-Americano. Sobre a paróquia, Puebla mencionou a missão integral de acompanhar "as pessoas e famílias no decorrer de toda a sua existência, na educação e crescimento na fé".[50] A novidade era conceber a paróquia como centro de "coordenação e animação de comunidades, grupos e movimentos".[51] A noção de paróquia incluiu grupos e movimentos, reconhecendo mais a reunião dos fiéis do que o território.

---

48 DM, n. 6,3.
49 Cf. DM, n. 6,3.
50 DP, n. 644.
51 DP, n. 644.

133. Nessa época, expandiu-se a experiência das Comunidades Eclesiais de Base (CEBs). O documento final explicitou a definição das CEBs, afirmando que são "comunidades", porque integram famílias, adultos e jovens numa íntima relação interpessoal na fé; são "eclesiais", porque se nutrem da Palavra de Deus e da Eucaristia, vivendo o compromisso do mandamento do amor de acordo com o ensinamento de Jesus; e são "de base", por serem constituídas de poucos membros, como células da grande comunidade.[52]

134. A 4ª Conferência Geral do Episcopado Latino--Americano ocorreu em Santo Domingo (República Dominicana, 1992). O documento abordou a paróquia como família de Deus e destacou sua missão: "a paróquia, comunidade de comunidades e movimentos, acolhe as angústias e esperanças dos homens, anima e orienta a comunhão, participação e missão."[53] A novidade foi a compreensão de paróquia como *comunidade de comunidades*.

135. O documento deslocou a noção territorial de paróquia para a concepção comunitária afirmando que ela "não é principalmente uma estrutura, um território, nem edifício, é a família de Deus,

---

52 Cf. DP, n. 641; n. 111.

53 SD, n. 58.

como uma fraternidade animada pelo Espírito de unidade".[54] Baseando-se na *Christifideles Laici*, Santo Domingo definiu paróquia como "a própria Igreja que vive no meio das casas dos seus filhos e das suas filhas".[55]

136. Santo Domingo considerou a paróquia uma *rede de comunidades*.[56] Não deixou de denunciar a lentidão no processo de renovação paroquial, especialmente entre seus agentes e na falta de maior engajamento dos fiéis leigos. Para superar o desafio de revitalização, os bispos sugeriram, retomando Medellín, a setorização da paróquia em pequenas comunidades e a promoção do protagonismo dos leigos. Enfatizaram a acolhida e o ardor missionário para ir ao encontro daqueles que se afastaram da comunidade.[57]

137. A 5ª Conferência Geral do Episcopado Latino-Americano foi realizada em Aparecida (Brasil, 2007). O grande apelo de Aparecida foi a *conversão pastoral*, que sugere abandonar estruturas obsoletas de pastoral e situações de mera conservação para assumir a dimensão missionária da renovação paroquial. Sugeriu-se que a renovação das paróquias

---

54 SD, n. 58.
55 ChL, n. 26.
56 Cf. SD, n. 58.
57 Cf. SD, n. 60.

ocorra para que sejam uma rede de comunidades capazes de se articular de tal modo que seus membros vivam em comunhão como autênticos discípulos missionários de Jesus Cristo.[58]

138. De acordo com o Documento de Aparecida, as paróquias "são células vivas da Igreja e o lugar privilegiado no qual a maioria dos fiéis tem uma experiência concreta de Cristo e a comunhão eclesial. São chamadas a ser casa e escolas de comunhão".[59] Os bispos sugerem que as paróquias se transformem "cada vez mais em *comunidade de comunidades*".[60] Esse é o título de uma seção do quinto capítulo do documento de Aparecida: "Paróquia: comunidade de comunidades".[61]

139. O Documento de Aparecida propõe a comunidade como o centro da vivência cristã. A comunidade paroquial, entretanto, não pode ser uma superestrutura formal e vazia, mas deve ser um todo orgânico que envolva os diversos aspectos da vida. Uma Igreja sólida como instituição, mas vazia de vida

---

58 Cf. DAp, n. 172.
59 DAp, n. 170. Retoma a reflexão de *Apostolicam Actuositatem,* n. 10 ao usar a expressão "célula viva da Igreja".
60 DAp, n. 99, 179 e 309.
61 Cf. DAp, item 5.2.2. A comunidade é o centro da vivência cristã. Não apenas a vivência comunitária é essencial à vocação cristã, mas, igualmente, o discipulado e a missão supõem a pertença a uma comunidade.

comunitária real, como casa ou família, não estaria de acordo com a inspiração do Novo Testamento.

3.6 A renovação paroquial no Brasil

140. A Igreja no Brasil ocupa-se do tema *renovação paroquial* desde 1962. Naquela ocasião, foi implantado o *Plano de Emergência* com o objetivo de enfrentar os problemas da época e revitalizar as paróquias: "Urge, pois, vitalizar e dinamizar nossas paróquias, tornando-as instrumentos aptos a responder à premência das circunstâncias e da realidade em que nos encontramos".[62] Insistiu-se no valor da diocese como lugar da comunhão fundamental da pastoral. E destacou-se o tríplice múnus de Cristo, do qual participa todo batizado e que se expressa na missão da igreja paroquial enquanto comunidade de fé (múnus profético), culto (múnus sacerdotal) e caridade (múnus régio).[63] O laicato foi estimulado a trabalhar por uma civilização que realizasse o bem comum.

141. A Igreja no Brasil começava, então, a traçar linhas de uma pastoral de conjunto, isto é, uma ação realizada em comum pelo conjunto dos membros

---

62 CNBB. *Plano de Emergência para a Igreja do Brasil*. Documento 76. São Paulo: Paulinas, 2004.
63 Cf. CNBB, *Plano de Emergência para a Igreja do Brasil*, p. 33.

da Igreja visando a todas as pessoas e seus problemas, nos locais e situações que as condicionavam. Isso implicava o levantamento da realidade onde as paróquias se encontravam para um adequado conhecimento dos contextos que as influenciavam. Portanto, às vésperas do Concílio Vaticano II, a Igreja no Brasil pensava na superação de uma pastoral concentrada na conservação e pretendia uma abertura aos novos desafios que se apresentavam.

142. A primeira Campanha da Fraternidade da CNBB, em 1964, abordou a renovação eclesial tendo como tema: "Igreja em Renovação" e como lema: "Lembre-se, você também é Igreja". Em 1965, a Campanha da Fraternidade refletiu o tema: "Paróquia em Renovação" e trouxe o sugestivo lema: "Faça da sua paróquia uma comunidade de fé, culto e amor".

143. A CNBB manteve a preocupação de uma evangelização atenta aos desafios da realidade no País. Recentemente, as Diretrizes Gerais da Ação Evangelizadora da Igreja no Brasil (2011-2015) afirmam que "as paróquias têm um importante papel na vivência da fé. Para a maioria de nossos fiéis, elas são o único espaço de inserção na Igreja"[64] e alertam que "é urgente que a paróquia se torne, cada vez

---

64 DGAE, n. 99.

mais, comunidade de comunidades vivas e dinâmicas de discípulos missionários de Jesus Cristo".[65]

144. Em 2013, a CNBB refletiu sobre a paróquia em sua Assembleia Ordinária. O texto 104 da Coleção Estudos da CNBB: "Comunidade de comunidades: uma nova paróquia" foi amplamente difundido em todas as regiões do Brasil. O envolvimento no processo de reflexão, com emendas, críticas e sugestões, mobilizou desde as pequenas comunidades até aos regionais da CNBB. O significativo número de exemplares impressos e o elevado índice de acessos ao texto eletrônico no *site* da CNBB são indicativos do interesse das paróquias e comunidades brasileiras em refletir o processo da renovação paroquial.

145. Igualmente, a preocupação pela renovação paroquial foi influenciada pelos pronunciamentos do Papa Francisco em visita ao Rio de Janeiro, em julho de 2013, por ocasião da Jornada Mundial da Juventude. Na ocasião, ele enfatizou que "não podemos ficar fechados na paróquia, em nossa comunidade, em nossa instituição paroquial ou em nossa instituição diocesana, quando tantas pessoas estão esperando o Evangelho".[66]

---

65 DGAE, n. 99.
66 PAPA FRANCISCO, *Mensagens e homilias – JMJ, Rio 2013*, p.38.

146. O Papa Francisco afirma ainda que "a paróquia é presença eclesial no território, âmbito para a escuta da Palavra, o crescimento da vida cristã, o diálogo, o anúncio, a caridade generosa, a adoração e a celebração. Por intermédio de todas as atividades, a paróquia incentiva e forma os seus membros para serem agentes da evangelização".[67]

147. A exortação papal confirma que a paróquia é "comunidade de comunidades, santuário onde os sedentos vão beber para continuarem a caminhar, e centro de constante envio missionário".[68] E alerta que "o apelo à revisão e renovação das paróquias ainda não deu suficientemente fruto, tornando-se ainda mais próximas das pessoas, sendo âmbitos de viva comunhão e participação e orientando-se completamente para a missão".[69]

3.7 Breve conclusão

148. As paróquias nascem da necessidade de expandir o atendimento aos cristãos que vivem especialmente em áreas distantes do bispo. Aos presbíteros confiar-se-á essa missão. Ao longo dos anos, aparecem iniciativas procurando retornar às origens da Igreja:

---

67 EG, n. 28.
68 EG, n. 28.
69 EG, n. 28.

os mosteiros, a Reforma Gregoriana e o Concílio de Trento são propostas de renovação da organização da Igreja.

149. O Concílio Vaticano II promoverá a recuperação do sentido de comunhão da comunidade a partir do mistério trinitário e da união entre os seus membros; a importância da valorização dos leigos na comunidade eclesial, para que ela seja toda ministerial; e a abertura da dimensão cultual para a totalidade das dimensões da comunhão e da missão da Igreja no mundo.

150. Desde Medellín, os bispos latino-americanos insistem na renovação, para que a paróquia se torne uma rede de comunidades. Os documentos das Conferências Gerais do Episcopado Latino-americano registram a lentidão na renovação paroquial na América Latina e no Caribe. Esse atraso deve ser compensado, segundo Aparecida, com uma autêntica *conversão pastoral* que não se reduz a mudanças de estruturas e planos, mas principalmente de mentalidade.

151. A Igreja do Brasil, desde 1962, reflete sua realidade paroquial e busca a renovação. Especialmente a CNBB tem-se dedicado para que a paróquia seja mais discípula e, por isso, mais missionária. O pontificado do Papa Francisco indica e colabora para que ocorra essa mudança de mentalidade e de prática pastoral.

Capítulo 4

COMUNIDADE PAROQUIAL

152. A comunidade-Igreja encontra seu fundamento e origem no Mistério Trinitário. O Espírito Santo "leva a Igreja ao conhecimento da verdade total (cf. Jo 16,13), unifica-a na comunhão e no ministério, dota-a com diversos dons hierárquicos e carismáticos, com os quais a dirige e embeleza".[70] A presença do Espírito Santo garante que a comunidade cristã não seja reduzida a uma realidade sociológica ou psicológica, como se fosse apenas um grupo que se reúne para atender às suas necessidades ou para fazer o bem. Pelo Espírito Santo a comunidade recebe o dom da *unidade* que permite a comunhão das pessoas com Cristo e entre si. Essa unidade dos seguidores de Jesus Cristo é a comunhão da Igreja, que "encontra a sua expressão mais imediata e visível na Paróquia: esta é a última localização da Igreja (...)".[71]

153. Desde a sua origem, a paróquia traz em si o prolongamento da Igreja Particular e da Eucaristia episcopal que se desdobra numa realidade eclesial maior.

---

70 LG, n.4.
71 ChL, n. 26,

Esse vínculo é salientado no Concílio Vaticano II ao definir a paróquia como célula da diocese.[72] A paróquia visibiliza, em seu lugar, a Igreja universal[73] e representa a Igreja visível espalhada por todo o mundo.[74] Pode-se dizer que a paróquia é a localização última da Igreja que vive nas casas de seus filhos e filhas.[75] Pela paróquia, a Igreja participa do cotidiano das pessoas, das relações sociais e concretiza a experiência do discipulado missionário.

4.1 Trindade: fonte e meta da comunidade

154. A Igreja foi desejada e projetada pelo Pai, é criatura do Filho e constantemente é vivificada pela ação do Espírito Santo. A dimensão comunitária é fundamental na Igreja, pois se inspira na própria Santíssima Trindade, a perfeita comunidade de amor. Sem comunidade não há como viver autenticamente a experiência cristã, pois a Igreja origina-se da Trindade, é estruturada à sua imagem e ruma para a pátria trinitária.

155. Na Trindade o amor é distinção das pessoas e unidade do mistério. Na Igreja, a diversidade de dons

---

72 Cf. AA, n. 10.
73 Cf. LG, n. 28.
74 Cf. SC, n. 42.
75 Cf. ChL, n. 26.

e carismas propõe a unidade do povo de Deus na variedade de dioceses, paróquias e comunidades, que exprimem sua comunhão recíproca. Inspirada na Trindade, a Igreja não pode existir na uniformidade que anula a riqueza dos dons do Espírito Santo. Como a Trindade, também a comunidade cristã vive no amor que permite acolhida e doação, que une as diferenças num só coração.

156. A comunhão e a missão trinitária inspiram a missão da comunidade que nasce da consciência de que muitos vivem sem o amor de Deus. O desejo da Trindade é que todos conheçam e participem desse amor. A comunidade eclesial há de se empenhar na tarefa de anunciar e testemunhar o amor revelado em Jesus Cristo como resultado da compreensão de sua própria identidade.

157. Não há comunidade cristã que não seja missionária. Se ela esquece a missão, deixa de ser cristã. Por isso, a comunidade vive a comunhão na diversidade, aberta para acolher quem se aproxima e possibilitar que muitos participem, isto é, tomem parte da comunidade que se empenha em viver na comunhão com a Trindade. A Igreja se organiza em dioceses, nas quais estão as paróquias e comunidades na busca de viver a comunhão trinitária.

4.2 Diocese e paróquia

158. A diocese é a porção do povo de Deus confiada a um bispo com a cooperação de um presbitério.[76] Ao ser criada uma nova paróquia na diocese, não se produz uma divisão ou repartição da Igreja, mas se estabelece uma nova presença da Igreja numa nova paróquia. A diocese, por sua vez, também vive em comunhão com todas as demais dioceses que são presididas na caridade pelo bispo de Roma, o Papa.

159. A Igreja, contudo, é mais do que se vê: ela é mistério. Por isso a paróquia como comunidade de comunidades e cada um dos fiéis estão em profunda comunhão com a realidade além da visibilidade. A comunhão da Igreja supera a unidade sociológica ou a harmonia psicológica. É uma comunhão no mistério da comunhão dos santos: a Igreja que está no céu, os remidos em Cristo, com aqueles que estão se purificando no purgatório e com os que são discípulos de Jesus que peregrinam sobre a Terra. Essa comunhão se reflete nas dioceses com suas paróquias que constituem a Igreja visível e rezam em comunhão com seus membros que faleceram. Assim, a Igreja, da qual a paróquia é concretização, não se reduz às estruturas e organismos pastorais.

---

76 CDC, Cân. n.369.

Sem prescindir dessas realidades, ele visa a salvação que considera e transcende o mundo visível.

160. Desse mistério, a paróquia constitui-se na menor parte de uma comunidade mais ampla que é a Igreja Particular. Essa pode ser uma diocese, uma prelazia, um vicariato apostólico, etc. A paróquia não pode ser concebida como independente, mas somente em relação à Igreja Particular na qual se encontra. Dela recebe as orientações pastorais e define sua atividade. A vitalidade da diocese, por sua vez, depende da vitalidade das suas paróquias.[77]

4.3 Definição de paróquia

161. Na Bíblia grega, aparecem três palavras ligadas à noção de paróquia: o substantivo *paroikía*, significando "estrangeiro, migrante"; o verbo *paroikein*, designando "viver junto a, habitar nas proximidades, viver em casa alheia" (cf. Rt 2,1ss) ou em peregrinação; e a palavra *paroikós*, usada tanto como substantivo quanto como adjetivo. O substantivo *paroikía* pode ser traduzido por "morada, habitação em pátria estrangeira". O adjetivo *paroikós* equivale a "vizinho, próximo, que habita junto".

---

77 Um instrumento que favorece a comunhão das paróquias entre si e com o conjunto da diocese são as foranias, também conhecidas como decanatos, regiões episcopais, setores, vicariatos, comarcas etc.

162. Assim, a Igreja, comunidade de fiéis, é integrada por estrangeiros (cf. Ef 2,19), pelos que estão de passagem (cf. 1Pd 1,7) ou, ainda, pelos imigrantes (cf. 1Pd 2,11) ou peregrinos (cf. Hb 11,13), sempre indicando que o cristão não está em sua pátria definitiva (cf. Hb 13,14), que deve se comportar como quem se encontra fora da pátria (cf. 1Pd 1,17). A paróquia, desse modo, é uma "estação" onde se vive de forma provisória, pois o cristão é caminheiro. Ele segue o caminho da salvação (cf. At 16,17).

163. O conceito de paróquia está ligado à acolhida daqueles que estão em peregrinação. É uma hospedaria que acolhe os viajantes para a pátria celeste. Ela não pode ser morada definitiva, pois distrairia seus hóspedes do final da viagem. Mas ela não pode ser apenas um lugar de passagem onde os viajantes não criam laços de fraternidade, amizade e comunhão, pois perderia o sentido de existir como casa que prepara aqueles que buscam uma comunhão plena. Ela é, portanto, referência, lar, casa e, ao mesmo tempo, hospedaria, estação para os que caminham guiados pela fé em Jesus Cristo.

164. O Catecismo da Igreja Católica ensina que a "Paróquia é uma determinada comunidade de fiéis, constituída de maneira estável na Igreja particular, e seu cuidado pastoral é confiado ao pároco, como a seu pastor próprio, sob autoridade do bispo

diocesano".[78] A afirmação é retirada do Código de Direito Canônico de 1983, que reflete a eclesiologia do Concílio Vaticano II e define a paróquia como uma comunidade de fiéis, constituída de maneira estável e confiada aos cuidados pastorais de um pároco, como seu pastor próprio.[79] Dois elementos merecem atenção: a comunidade de fiéis e a comunhão com a Igreja Particular – a diocese. Essa unidade se estabelece e deve ser garantida especialmente pela ação do pároco em comunhão com o bispo.

165. Sobre a missão, o Catecismo destaca que a paróquia é o "lugar onde todos os fiéis podem ser congregados pela celebração dominical da Eucaristia. A paróquia inicia o povo cristão na expressão ordinária da vida litúrgica, reúne-o nesta celebração, ensina a doutrina salvífica de Cristo, pratica a caridade do Senhor nas obras boas e fraternas".[80] Assim, retomam-se os elementos presentes nos Atos dos Apóstolos (cf. At 2,42) ao caracterizar a comunidade como perseverante na fração do pão, na comunhão fraterna, nas orações e no ensinamento dos apóstolos. Toda paróquia é comunidade cristã baseada nessas quatro colunas. Só assim será missionária e atrairá outros para o seguimento de Jesus Cristo.

---

78 CIgC, n. 2179.
79 Cf. Cân., n. 515, § 1°.
80 CIgC, n. 2179.

166. Pode-se traduzir, também, a missão da paróquia na integração de três tarefas derivadas do tríplice múnus de Cristo: ser uma comunidade de fé, de culto e de caridade, onde se reúnem os fiéis para celebrar a Eucaristia e prestar o verdadeiro culto a Deus, onde se persevera na doutrina dos apóstolos para alimentar a fé em Jesus Cristo e onde se pratica o amor fraterno com todas as pessoas, expressão da caridade de Cristo pela humanidade.

167. O Catecismo propõe superar a vivência individualista da fé: "Não podes rezar em casa como na Igreja, onde se encontra o povo reunido, onde o grito é lançado a Deus de um só coração. Há ali algo mais, a união dos espíritos, a harmonia das almas, o vínculo da caridade, as orações dos presbíteros".[81] Apresenta a clara distinção entre oração privada e oração comunitária e destaca a comunhão dos fiéis entre si, com seus ministros e com Deus.

4.4 Comunidade de fiéis

168. A paróquia encontra no conceito de *comunidade* a autocompreensão de sua realidade histórica. Ela é, portanto, uma comunidade de fiéis que, de alguma maneira, torna presente a Igreja num determinado lugar.

---

81 O Catecismo cita o Pseudo-Eusébio Alexandrino (PG 86/1,416.421).

169. O termo *comunidade* pode abranger todos os agrupamentos humanos e por diferentes meios. O que a caracteriza é o fato de agregar seus membros numa identidade coletiva. Geralmente, comunidade significa ter algo em comum. Formam comunidade aqueles que têm em comum ou compartilham o que têm e o que são. Por isso, é importante delimitar o que se entende por comunidade eclesial.

170. Teologicamente a palavra *comunidade* significa a união íntima ou a comunhão das pessoas entre si e delas com Deus Trindade. Essa comunhão se realiza fundamentalmente pelo Batismo e pela Eucaristia. Assim, a comunidade participa da vida divina na partilha de vida fraterna ao comungar na mesma mesa, ao professar a mesma fé recebida dos apóstolos ao testemunhar a caridade que revela o amor salvífico de Deus para a humanidade.

171. A paróquia, entendida como comunidade, é o local onde se ouve a convocação feita por Deus, em Cristo, para que todos sejam um e vivam como irmãos. É a Igreja que está onde as pessoas se encontram, independentemente dos vínculos de território, de moradia ou de pertença geográfica. É a casa-comunidade onde as pessoas se encontram. O chamado é para todos. É vocação para todos formarem a grande família de Deus, a família dos que "ouvem a Palavra de Deus e a põem em prática" (Lc 8,21).

172. A expressão *comunidade de fiéis* indica a união, a partir da fé, daqueles que são batizados e estão em plena comunhão com a Igreja. O Concílio Vaticano II concebe a paróquia como comunidade de pessoas em Cristo, valendo-se de expressões como "grupo de fiéis",[82] "comunidade de fiéis",[83] e "porção do rebanho do Senhor".[84]

173. O sentido comunitário realiza e reforça a dimensão pessoal de cada cristão. Como no corpo, em que cada membro é necessário para o bem de todos, na comunidade, "Cristo abraça em Si mesmo todos os crentes que formam o seu corpo, o cristão compreende-se a si mesmo neste corpo, em relação primordial com Cristo e os irmãos na fé. A imagem do corpo não pretende reduzir o crente a simples parte de um todo anônimo, a mero elemento de uma mera engrenagem".[85] A unidade da comunidade não extingue a pluralidade de pessoas. Os dons e carismas individuais, partilhados, colaboram para o enriquecimento de toda a comunidade paroquial.

---

82 Cf. SC, n. 42,1.
83 Cf. LG, n. 26, 128,2 e PO, n. 5,1.
84 Cf. LG, n. 28, 2.
85 LF, n. 22.

4.5 Território paroquial

174. Para o Código de Direito Canônico, a paróquia, via de regra, é territorial, isto é, compreende todos os fiéis de determinado território, mas esclarece que onde "for conveniente, constituam-se paróquias pessoais, em razão de rito, língua, nacionalidade dos fiéis de um território, e também por outra razão determinada".[86]

175. Ao destacar o espírito comunitário, não se pode desprezar o valor do território paroquial para estimular a pertença e a acolhida dos fiéis. O território se define a partir de uma área circunscrita por uma linha divisória. A comunidade territorial é compreendida como uma comunidade de fiéis determinada por meio de um espaço geográfico delimitado. Nesse caso, para alguém pertencer a uma paróquia, basta residir dentro de seus limites territoriais.

176. Mesmo com a delimitação territorial, pessoas de diferentes condições sociais, culturais ou econômicas podem se unir na paróquia. Igualmente as diferentes formas de espiritualidade, associações e movimentos podem frequentar a paróquia delimitada pelo território. A paróquia é a comunidade à qual pertencem todos os fiéis, sem exclusão ou elitismo. Só assim ela será católica, isto é, aberta a todos e

---

86 CDC, Cân. n. 518.

respeitando a diversidade de cada fiel. A paróquia, enfim, é uma comunidade formada por aqueles fiéis que se reúnem para ouvir a Palavra de Deus e participar da Eucaristia, sob os cuidados pastorais do pároco, em comunhão com o bispo diocesano.

4.6 Comunidade: casa dos cristãos

177. A comunidade cristã é a experiência de Igreja que acontece ao redor da casa (*domus ecclesiae*): "paróquia: esta é a última localização da Igreja; é, em certo sentido, a própria Igreja que vive no meio das casas dos seus filhos e das suas filhas".[87] É a Igreja que está onde as pessoas se encontram, independentemente dos vínculos de território, moradia ou pertença geográfica.

178. A ideia de comunidade como casa fornece o conceito de lar, ambiente de vida, referência e aconchego de todos que transitam pelas estradas da vida. Recuperar a ideia de casa significa garantir o referencial para o cristão peregrino encontrar-se no lar. É uma estação, uma parada no caminho para a pátria definitiva. No Novo Testamento, a palavra *casa* muitas vezes significa a comunidade-igreja, construída por *pedras vivas* (cf. 1Pd 2,5).

---

87 ChL, n. 26.

4.6.1 Casa da Palavra

179. A comunidade cristã é a casa da Palavra, na qual o discípulo escuta, acolhe e pratica a Palavra. A Igreja se define pelo acolhimento do Verbo de Deus que, encarnando, armou a sua tenda entre nós (cf. Jo 1,14). A morada de Deus entre os homens (*shekinah* – cf. Ex 26,1) prefigurada no Antigo Testamento, "realiza-se agora com a presença definitiva de Deus no meio dos homens em Cristo".[88]

180. A liturgia é o lugar privilegiado para a Igreja escutar a voz do Senhor: "Considerando a Igreja como 'casa da Palavra', deve-se, antes de tudo, dar atenção à Liturgia sagrada, que constitui, efetivamente, o âmbito privilegiado onde Deus nos fala no momento presente da nossa vida: fala hoje ao seu povo, que escuta e responde".[89] Cada cristão precisa encontrar-se pessoalmente com Jesus Cristo e fazer um ato de adesão total ao Senhor. A comunidade é, dessa forma, a casa da iniciação à vida cristã. Igualmente, os Círculos Bíblicos e a prática da Leitura Orante da Palavra, na perspectiva da animação bíblica da pastoral, muito podem oferecer para que esse encontro se realize.

---

88 VD, n. 50.
89 VD, n. 52.

4.6.2 Casa do pão

181. A comunidade cristã vive da Eucaristia: "A fé da Igreja é essencialmente fé eucarística e alimenta-se, de modo particular, à mesa da Eucaristia".[90] A Eucaristia é o momento principal da vida comunitária, pois é sacramento de comunhão e reconciliação. Ela é o encontro de Deus com a comunidade, da comunidade com Deus e dos membros da comunidade entre si.

182. Na Eucaristia, se estabelecem as novas relações que o Evangelho propõe a partir da filiação divina que o cristão recebe do Pai em Cristo. A fraternidade é a expressão da comunhão com Deus e as pessoas. É a fonte inesgotável da vocação cristã e do impulso missionário. A partir da Eucaristia, cada comunidade cristã concretiza, em sinais solidários, o seu compromisso com a prática da caridade.

4.6.3 Casa da caridade – ágape

183. Na Palavra e na Eucaristia, o cristão, nova criatura pelo Batismo, vive, numa nova dimensão, a relação com Deus e com o próximo: a dimensão do amor como ágape. O próprio Senhor disse que "ninguém tem maior amor do que aquele que dá a vida por

---

90 SC, n. 6.

seus amigos" (Jo 15,13). A amizade torna-se, então, expressão do ágape, centro da *caridade* cristã. Essa amizade se traduz em compaixão pelos que sofrem. Os membros da comunidade vivem o compromisso social, especialmente promovendo a justiça e os direitos humanos, numa evangélica opção pelos pobres e na prática da ética do cuidado com todos os necessitados da sociedade.

184. A vida fraterna do cristão não pode limitar-se ao âmbito de uma comunidade; é preciso que haja uma presença pública da Igreja na sociedade, por meio de cristãos que, pelo diálogo, explicitem sua visão de mundo e concepção de vida de acordo com o Evangelho. Sendo missionária, a comunidade cristã anuncia Jesus Cristo com gestos concretos de promoção e defesa da vida e trabalhando para que a paz seja fruto da justiça.

4.7 Comunidades para a missão

185. O testemunho da comunidade cristã é missionário quando ela assume os compromissos que colaboram para garantir a dignidade do ser humano e a humanização das relações sociais. O testemunho é anterior ao discurso e às palavras, pois é por si uma proclamação silenciosa, mas também muito clara e

eficaz da Boa-Nova e é um elemento essencial na missão de evangelizar.[91]

186. A missão supõe "testemunho de proximidade que entranha aproximação afetuosa, escuta, humildade, solidariedade, compaixão, diálogo, reconciliação, compromisso com a justiça social e capacidade de compartilhar, como Jesus o fez".[92]

187. A missão requer o anúncio explícito da Boa-Nova de Cristo, isto é, o querigma: anunciar Jesus Cristo, crucificado e ressuscitado. Esse anúncio não pode ser pressuposto, nem mesmo entre os membros da própria comunidade. Há pessoas na comunidade que perderam o brilho da fé, vivem um testemunho opaco e uma missão tímida.

188. O *querigma* inclui necessariamente o testemunho. Somente aderindo a Jesus Cristo, o Senhor, a comunidade de batizados viverá o programa de vida de Jesus, a serviço do Reino, sem medo de desmascarar as mentiras e trabalhar pela justiça. Uma fé sem testemunho e *querigma* ficaria reduzida a práticas de culto e religiosidade sem propor mudança de vida. Poderia ser um grupo que vive a religiosidade sem o exercício da misericórdia e da justiça que o Senhor indicou no mandamento do amor.

---

91 Cf. EN, n. 21.
92 DAp, n. 363.

189. O estado permanente de missão supõe que a comunidade cristã tenha consciência de que ela é "por sua natureza, missionária"[93] e precisa ser constantemente missionada, isto é, precisa renovar-se sempre diante dos novos desafios que enfrenta no confronto com o mundo e na relação entre seus membros. Para ser missionária, a paróquia precisa ir ao encontro das pessoas: "A comunidade missionária experimenta que o Senhor tomou a iniciativa, precedeu-a no amor (cf. 1Jo 4,10), e, por isso, ela sabe ir à frente, sabe tomar a iniciativa sem medo, ir ao encontro, procurar os afastados e chegar às encruzilhadas dos caminhos para convidar os excluídos. Vive um desejo inexaurível de oferecer misericórdia, fruto de ter experimentado a misericórdia infinita do Pai e a sua força difusiva".[94]

4.8 Breve conclusão

190. A Igreja proporciona o encontro entre a iniciativa de Deus e a ação humana, é o ícone da Santíssima Trindade no tempo e a elevação do tempo ao coração da Trindade. Apesar de viver na história e no tempo, a Igreja se destina à eternidade.[95]

---

93 AG, n. 2.
94 EG, n. 24.
95 Cf. LG, n. 1.

191. A descentralização da paróquia e a consequente valorização das pequenas comunidades deveria ser a grande missão da Igreja que busca desenvolver a cultura da proximidade e do encontro. Afinal, "o que derruba as estruturas caducas, o que leva a mudar os corações dos cristãos é, justamente, a missionariedade".[96]

---

96 PAPA FRANCISCO. *Mensagens e homilias – JMJ, Rio 2013*, p. 90.

CAPÍTULO 5

SUJEITOS E TAREFAS DA CONVERSÃO PAROQUIAL

192. O Concílio Vaticano II evidenciou a relação e a distinção entre sacerdócio comum dos fiéis, proveniente do Batismo – fonte e raiz de todos os ministérios – e sacerdócio ministerial, proveniente da Ordem, expressando como ambos participam do único sacerdócio de Cristo.[97] Na renovação paroquial, todos estão envolvidos em diferentes tarefas. O fortalecimento das comunidades supõe a multiplicação de ministérios e serviços dos discípulos e discípulas missionários. Os sujeitos e as tarefas da conversão pastoral dependem de um encontro pessoal com Jesus Cristo.

193. Jesus se apresenta como o Bom Pastor que acolhe o povo, sobretudo os pobres. Seu agir revela um novo jeito de cuidar das pessoas. Esse é o desafio de todo aquele que é colocado diante de uma comunidade, principalmente os bispos, presbíteros, diáconos e leigos que nela atuam. A renovação paroquial depende de um renovado amor à pastoral, que se

---

97 LG, n. 10.

exerce como expressão do sacerdócio recebido pelo Batismo e pela Ordem.

194. Todos os sujeitos da conversão pastoral como discípulos missionários hão de se comprometer a ser presença evangelizadora, próximos de todos, especialmente junto aos que se encontram nas periferias, sejam geográficas, sejam existenciais. "No anúncio evangélico, falar de 'periferias existenciais' descentraliza e, habitualmente, temos medo de sair do centro. O discípulo-missionário é um 'descentrado': o centro é Jesus Cristo, que convoca e envia".[98] A mudança de mentalidade e de atitude depende, portanto, da superação do medo que impede a missão. A missão da Igreja é de todos os seus membros, com corresponsabilidade diferenciada e responsabilidades apostólicas compartilhadas.[99]

5.1 Os bispos

195. Os bispos serão os primeiros a fomentar, em toda a diocese, a conversão pastoral das paróquias. Eles são os responsáveis por desencadear o processo de renovação das comunidades, especialmente na

---

98 PAPA FRANCISCO. *Mensagens e homilias – JMJ, Rio 2013*, p. 95.
99 Cf. CNBB. *Missão e ministérios dos cristãos leigos e leigas*. Doc. 62, n. 77.

missão com os afastados, chamados a fazer da Igreja casa e escola de comunhão.[100]

196. O Papa Francisco estimula os bispos a serem pastores próximos das pessoas, usando a paciência e a misericórdia, a serem pessoas simples e acolhedoras, para que vigiem o rebanho que lhes foi confiado e busquem manter a unidade. Devem cuidar da esperança para que haja sol e luz nos corações.[101] Essas atitudes permitem ao bispo ser mais próximo do rebanho que lhe foi confiado.

197. O Papa também questionou os bispos: "Procuramos que o nosso trabalho e o de nossos presbíteros sejam mais pastorais que administrativos?".[102] Requer-se, portanto, que os bispos sejam os animadores de uma nova mentalidade e postura pastoral, marcada pela cultura do encontro e da proximidade.

198. A conversão pastoral da paróquia supõe animar e ajudar os presbíteros que enfrentam diariamente os desafios e as dificuldades da pastoral. Encontrar as respostas às novas perguntas nem sempre será possível, mas o bispo poderá fortalecer o clero na sua missão e na sua espiritualidade. Enfim, sem a iniciativa da diocese e de seu pastor, será muito

---

100 Cf. NMI, n. 43.
101 Cf. PAPA FRANCISCO. *Mensagens e homilias – JMJ, Rio 2013*, p. 96-97.
102 PAPA FRANCISCO. *Mensagens e homilias – JMJ, Rio 2013*, p. 90.

difícil que as paróquias se tornem comunidade de comunidades.

5.2 Os presbíteros

199. Todo presbítero é chamado a ser padre-pastor, dedicado, generoso, acolhedor e aberto ao serviço na comunidade. Há, contudo, uma sobrecarga de múltiplas tarefas assumidas, especialmente pelos párocos, impostas ou solicitadas pelo bem da comunidade: muitas atividades sociais, atendimentos individuais, numerosas e rotineiras celebrações dos sacramentos, reuniões, responsabilidades administrativas e tantas outras atividades. O excesso de atividades pastorais é um sinal preocupante: pode prejudicar o equilíbrio pessoal do padre.

200. Em algumas comunidades, encontram-se presbíteros desencantados, cansados. A sobrecarga de trabalhos pode dificultar a capacidade de relacionamento dos presbíteros, tornando-os apáticos aos sofrimentos dos outros, insensíveis aos pobres, rudes no tratamento de seus paroquianos e incapazes de manifestar a misericórdia e a bondade de Cristo do qual são ministros. Eles precisam ser ajudados.

201. Outra preocupação se refere à atualização do padre diante das aceleradas mudanças que ocorrem na modernidade. Ele pode ficar atrasado no tempo e afastado da realidade. No ativismo, pode ser que

não se dedique ao estudo e não se prepare melhor para escutar e entender os anseios dos que o procuram. A missão do pároco para a renovação paroquial requer uma vivência mais comunitária do ministério, garantindo a continuidade da ação evangelizadora, especialmente quando o padre é substituído, evitando personalismos e isolamentos em relação à diocese.[103]

202. A conversão pastoral da paróquia depende muito da postura do presbítero na comunidade. Isso exige uma profunda consciência de que o padre não é um mero delegado ou um representante, mas um dom para a comunidade à qual serve,[104] como pastor e guia, sendo presença visível de Cristo. Será fundamental acolher bem as pessoas, exercer sua paternidade espiritual sem distinções, renovando sua espiritualidade para ajudar tantos irmãos e irmãs que buscam a paróquia. Desse modo estará mais disponível para ir ao encontro de tantos sofredores que nem sempre são bem acolhidos na sociedade e na comunidade eclesial.

203. A paróquia há de fazer a diferença no atendimento, começando pelo padre. Isso requer que o presbítero cultive uma profunda experiência de Cristo vivo,

---

103 Cf. DAp, n. 195.
104 Cf. DAp, n. 193.

com espírito missionário, coração paterno, que seja animador da vida espiritual e evangelizador, capaz de promover a participação.[105] A exigência fundamental é "que o padre seja autêntico discípulo de Jesus Cristo, porque só um sacerdote apaixonado pelo Senhor pode renovar uma paróquia".[106]

204. A renovação paroquial requer novas atitudes dos párocos. Em primeiro lugar, o pároco precisa ser um homem de Deus que fez e faz uma profunda experiência de encontro com Jesus Cristo. Essa vivência de discípulo fará o pároco ir ao encontro dos afastados de sua comunidade; caso contrário, contentar-se-á com aspectos da administração e promoverá uma pastoral de conservação. O ministério sacerdotal tem uma forma comunitária radical e só pode se desenvolver como tarefa coletiva.[107]

205. O padre deve ser formado para ser servidor do seu povo; capaz de acolher bem as pessoas e exercer sua paternidade espiritual sem distinções. Por isso, é fundamental cuidar da formação permanente e da formação nos seminários de acordo com essa visão de pastoral que considera a paróquia uma comunidade de comunidades, tal como tem

---

105 EAm, n. 41.
106 DAp, n. 201.
107 PDV, n. 17; Cf. também as atribuições do pároco segundo o CDC, Cân. 530.

insistido a Igreja no Brasil a respeito da formação presbiteral.[108]

5.3 Os diáconos permanentes

206. O Documento de Aparecida sugere que os diáconos permanentes acompanhem "a formação de novas comunidades eclesiais, especialmente nas fronteiras geográficas e culturais, aonde ordinariamente não chega a ação evangelizadora da Igreja".[109] Assim, a conversão paroquial supõe oportunamente a atuação de diáconos permanentes, preferencialmente se eles estiverem morando nessas comunidades urbanas ou rurais. O diácono permanente, inserido no "comum" da comunidade pela sua dupla sacramentalidade, explicita a presença servidora de Cristo, e constitui-se como sinal da unidade eclesial. Também a eles pode ser confiada uma comunidade não territorial, como o atendimento a dependentes químicos, a universidades ou a hospitais, por exemplo. Em caso de necessidade, a eles ainda pode ser confiada a administração de uma paróquia.

---

108 Cf. CNBB, *Diretrizes para a formação dos presbíteros da Igreja no Brasil.* Doc. n. 93.
109 DAp, n. 205.

5.4 Os consagrados

207. Os religiosos e as religiosas, bem como os membros de Institutos Seculares, são chamados a participar ativamente da renovação paroquial. Reconhece-se o importante papel dos consagrados e consagradas que desenvolvem seu apostolado nas paróquias, comprometidos diretamente com a ação pastoral, de acordo com seus carismas.

208. As religiosas, presentes em muitas paróquias, contribuem com o crescimento do Povo de Deus, particularmente junto às famílias e onde a vida é mais ameaçada. Assumem a coordenação de paróquias quando se faz necessário e são solicitadas. Poderão contribuir de maneira eficaz na renovação das paróquias para que se tornem autênticas comunidades de comunidades.

209. O apostolado dos consagrados e consagradas, entretanto, apesar do seu caráter específico e carismático, implica referência e comunhão com a diocese e seu plano de pastoral. As paróquias confiadas a congregações ou ordens religiosas fazem parte da Igreja local. É necessário que as famílias religiosas, que receberam este serviço, se sintam e atuem em plena comunhão pastoral com a Igreja Particular, evitando toda ação paralela. Suas promoções vocacionais, seu trabalho em hospitais e escolas e suas diferentes atuações devem estar alinhados com a diocese,

110

para que o vínculo da comunhão seja mantido. Tal vínculo não é apenas jurídico, mas, especialmente, pastoral e missionário.

5.5 Os leigos

210. A missão dos leigos deriva do Batismo e da Confirmação: "A sua ação dentro das comunidades eclesiais é tão necessária que, sem ela, o próprio apostolado dos pastores não pode conseguir, na maior parte das vezes, todo o seu efeito".[110] O Concílio Vaticano II tratou da atuação dos leigos na vida da Igreja e no mundo, testemunhando Cristo além dos limites da comunidade de fé e colaborando diretamente com as atividades pastorais.

211. Para que leigos e leigas possam superar o clericalismo e crescer em suas responsabilidades, é preciso fomentar a sua participação nas comunidades eclesiais, nos grupos bíblicos, nos conselhos pastorais e de administração paroquial. O empenho para que haja a participação de todos nos destinos da comunidade supõe reconhecer a diversidade de carismas, serviços e ministérios dos leigos, até mesmo confiando-lhes a administração de uma paróquia,

---

110 AA, n. 10.

quando a situação o exigir, como prevê o Código de Direito Canônico.[111]

212. Para que os fiéis leigos e leigas possam assumir sua corresponsabilidade no trabalho pastoral e testemunhem a fé cristã na vida pública, é urgente desencadear um processo integral de formação, que seja programada, sistemática e não meramente ocasional, considerando especialmente a Doutrina Social da Igreja. Assim, leigos e leigas se compreenderão como sujeitos da comunhão eclesial e engajados na missão.[112]

213. É preciso perceber e vencer o clericalismo em relação à atuação dos leigos nas comunidades, como alerta o Papa Francisco: "O pároco clericaliza, o leigo lhe pede, por favor, que o clericalize, porque, no fundo, lhe resulta mais cômodo. O fenômeno do clericalismo explica, em grande parte, a falta de maturidade e de liberdade cristã em parte do laicato da América Latina".[113]

214. Leigos e leigas devem crescer na consciência de vocacionados a "ser Igreja" e precisam dispor de espaço para atuarem na comunidade, assumindo sua participação na construção da comunidade de

---

111 Cf. CDC, Cân. 517, §2º.
112 Cf. CNBB. *Missão e ministérios dos cristãos leigos e leigas*. Doc. n. 62, n. 187.
113 PAPA FRANCISCO. *Mensagens e homilias – JMJ, Rio 2013*, p. 94.

comunidades. Dentre os sujeitos da conversão pastoral, merecem destaque as famílias, as mulheres, os jovens, e os idosos.

5.5.1 A FAMÍLIA

215. A família encontra-se confrontada com outras formas de convivência. Valorizar a família, santuário da vida, os grupos de casais que se apoiam mutuamente, promovendo encontros entre famílias, são exemplos de iniciativas para conscientizar as pessoas sobre a importância da família na vida de cada um, na comunidade e na sociedade.

216. Por outro lado, constatam-se políticas públicas que nem sempre respeitam essa célula fundamental da sociedade. Muitos casais têm dificuldade de se unirem na fidelidade e no amor, especialmente porque alguns apregoam que o mais importante é ser feliz, sem pensar nos demais: amor sem compromisso. A crise de afeto e a dificuldade em criar vínculos atingem o indivíduo em seus relacionamentos mais importantes, como o namoro e o casamento.

217. Nas paróquias participam pessoas unidas sem o vínculo sacramental, outras estão numa segunda união, e há aquelas que vivem sozinhas sustentando os filhos. Outras configurações também se constatam, como avós que criam netos ou tios que sustentam sobrinhos. Crianças são adotadas por

pessoas solteiras ou do mesmo sexo, que vivem em união estável.

218. A Igreja, família de Cristo, precisa acolher com amor todos os seus filhos. Sem esquecer todo ensinamento cristão sobre a família, é preciso usar de misericórdia. Muitos se afastaram e continuam se afastando de nossas comunidades, porque se sentiram rejeitados, porque a primeira orientação que receberam fundamentava-se em proibições e não em uma proposta de viver a fé em meio à dificuldade. Na renovação paroquial, a questão familiar exige conversão pastoral para não perder nada da Boa-Nova anunciada pela Igreja e, ao mesmo tempo, não deixar de atender, pastoralmente, às novas situações da vida familiar. Acolher, orientar e incluir nas comunidades aqueles que vivem numa outra configuração familiar são desafios inadiáveis.

5.5.2 As mulheres

219. A maioria das comunidades paroquiais conta com uma intensa participação de mulheres. Elas predominam na catequese e nos grupos de liturgia. São ministras, visitam os enfermos e atuam na acolhida. São muitos os serviços e ministérios que *dependem* delas na comunidade. "As mulheres constituem, geralmente, a maioria de nossas comunidades. São

as primeiras transmissoras da fé e colaboradoras dos pastores".[114]

220. Reconhecer seu valor e sua missão na paróquia é um dever de todos. Não se trata apenas de salientar suas qualidades de serviço, mas a sua própria feminilidade que colabora com a vida paroquial, como bem afirmou o Papa Francisco: "Uma Igreja sem as mulheres é como o Colégio Apostólico sem Maria. O papel das mulheres na Igreja não é só a maternidade, a mãe de família, mas é mais forte: é precisamente o ícone da Virgem Maria, de Nossa Senhora; aquela que ajuda a crescer".[115] O Documento de Aparecida afirma que "todas as mulheres precisam participar plenamente da vida eclesial favorecendo espaços e estruturas que promovam a maior inclusão".[116] A Exortação Apostólica *Evangelii Gaudium* insiste que a presença das mulheres deve ser garantida nos diversos âmbitos onde se tomam as decisões importantes na Igreja e na sociedade.[117]

5.5.3 OS JOVENS

221. A paróquia precisa ter abertura para incentivar a presença e a atuação dos jovens cristãos. É

---

114 DAp, n. 455.
115 PAPA FRANCISCO. *Mensagens e homilias – JMJ, Rio 2013*, p. 117.
116 DAp, n. 454.
117 Cf. EG, n. 103.

importante considerar que "a juventude mora no coração da Igreja",[118] o que implica encontrar formas adequadas para anunciar o amor de Jesus Cristo a todos os jovens. Trata-se de fazer uma opção afetiva e efetiva pelos jovens, considerando suas potencialidades. Para isso, é importante garantir espaços adequados para eles nas paróquias, com atividades, metodologias e linguagem próprias, assegurando a participação e o engajamento comunitário. Também se dê atenção aos jovens que vivem em situação de risco e exclusão social.

222. Geralmente, os jovens apreciam participar de campanhas de solidariedade, voluntariado e atividades da comunidade. Têm seu jeito próprio de ser e se expressar e, por isso mesmo, são a riqueza de uma comunidade. Eles têm ousadia e destemor para vencer a comodidade e dar testemunho da vivência cristã numa sociedade de contrastes. Adultos e idosos podem aprender muito com a juventude e sua inquietude diante da realidade. Que lamentável é a existência de uma comunidade que não atrai os jovens! "Sem o rosto jovem a Igreja se apresentaria desfigurada".[119]

---

118 CNBB, *Evangelização da juventude,* Doc. 85, n. 1.

119 PAPA BENTO. *Discurso durante o encontro com os jovens no Estádio Municipal do Pacaembu "Paulo Machado de Carvalho"*, em São Paulo (10 de maio de 2007), n. 7.

223. Buscar novos meios de comunicação, especialmente as redes sociais para cativar os jovens, é uma tarefa que depende muito da presença da juventude nas comunidades. Eles interagem facilmente nas ambiências digitais e conhecem espaços virtuais que desafiam a missão evangelizadora.

224. Aos jovens cristãos cabe escutar as palavras do Papa Francisco que lhes sugere vencer as tentações da cultura do provisório e do relativo, que apregoa apenas "curtir" o momento. O Papa pede que os jovens se rebelem contra essa cultura do provisório. Ele confia e reza para que tenham a coragem de ir contra a corrente para serem realmente felizes.[120]

5.5.4 Os IDOSOS

225. Nas comunidades, encontram-se muitos idosos que participam da vida paroquial. Nem sempre eles são escutados em suas preocupações. É preciso superar a noção de contraposição entre a idade da força, dos jovens, e a idade da fragilidade, dos idosos. Em muitas culturas, os mais velhos são testemunhas da história e herdeiros privilegiados do tesouro cultural da comunidade. A comunidade paroquial há de resgatar esses valores.

---

120 Cf. PAPA FRANCISCO. *Mensagens e homilias – JMJ, Rio 2013*, p. 99.

226. Há idosos vivendo na solidão, que precisam conversar com amigos e participar de encontros, evitando o isolamento. Frequentar a comunidade paroquial é muito importante para fortalecer os laços de amizade e suportar as dificuldades. Assim se desenvolve uma vida em fraternidade, que é uma alternativa salutar à solidão e ao abandono.

227. Para muitos idosos, a comunidade paroquial representa uma nova família, em que são acolhidos, valorizados e cuidados. Toda comunidade cristã deveria encontrar espaços de convivência para seus idosos. Não se trata de organizar apenas eventos com idosos, mas principalmente de oferecer oportunidades para jovens e crianças crescerem na amizade com os idosos da comunidade. Todos se beneficiarão dessa convivência.

5.6 Comunidades Eclesiais de Base

228. As CEBs são um instrumento que permite ao povo "chegar a um conhecimento maior da Palavra de Deus, ao compromisso social em nome do Evangelho, ao surgimento de novos serviços leigos e à educação da fé dos adultos".[121] Elas "trazem um novo ardor evangelizador e uma capacidade de diálogo com o mundo que renovam a Igreja", mas,

---

121 DAp, n. 178.

para isso, é preciso que elas "não percam o contato com esta realidade muito rica da paróquia local".[122] "Mantendo-se em comunhão com seu bispo, e inserindo-se no projeto da pastoral diocesana, as CEBs se convertem em sinal de vitalidade na Igreja Particular".[123]

229. Elas constituem "em nosso país, uma realidade que expressa um dos traços mais dinâmicos da vida da Igreja"[124] e continuam sendo um "sinal da vitalidade da Igreja".[125] Por isso, "como pastores, atentos à vida da Igreja em nossa sociedade, queremos olhá-las com carinho, estar à sua escuta e tentar descobrir através de sua vida, tão intimamente ligada à história do povo no qual elas estão inseridas, o caminho que se abre diante delas para o futuro".[126] As CEBs são a presença da Igreja junto aos mais simples, comprometendo-se com eles em buscar uma sociedade mais justa e solidária. Elas constituem "uma forma privilegiada de vivência comunitária da fé, inserida no seio da sociedade em perspectiva profética".[127] Também elas são desafiadas a não

---

122 EG, n. 29.
123 DAp, n. 179.
124 CNBB. *Comunidades Eclesiais de Base no Brasil*, Doc. n. 25, n. 1.
125 RM, n. 51; Cf. também Medellín XV.
126 CNBB. *Comunidades Eclesiais de Base no Brasil*, Doc. n. 25, n. 5.
127 DGAE, n. 102.

esmorecer diante dos desafios impostos pelo atual contexto de mudança de época.[128]

230. As CEBs se caracterizam, em geral, pela formação de comunidades territorialmente estabelecidas, com forte acento missionário e ligado ao compromisso sociotransformador. Tendo a sua centralidade na Palavra de Deus, na Eucaristia e no valor do pequeno grupo que forma a comunidade, a fraternidade e a solidariedade que engajam o cristão em favor do Reino de Deus, as CEBs contribuem com a conversão pastoral da paróquia.

5.7 Movimentos e associações de fiéis

231. Os movimentos e associações de fiéis[129] são sinais da Providência de Deus para a Igreja de hoje. A Igreja do Brasil conhece uma multiplicidade de novas experiências que enriquecem a eclesialidade. Em muitas paróquias, conta-se com a presença de movimentos de leigos que se envolvem na pastoral paroquial. Eles reúnem casais, jovens e outras pessoas para lhes dar formação e propor um caminho para seguir Jesus. Muitos são engajados em comunidades e há outros que fazem um caminho

---

128 DGAE, n. 60.
129 Sob o nome de associação de fiéis estão incluídas também as chamadas "novas comunidades".

mais autônomo. Integrá-los é uma missão para tornar a paróquia mais rica em serviços, ministérios e testemunho.

232. A paróquia há de desenvolver, com os movimentos e associações de fiéis, a capacidade de reunir pessoas no sentido transterritorial. Eles são, sem dúvida, escolas ou linhas de espiritualidade que atraem muitas pessoas, especialmente em contexto urbano, onde há grande busca de sentido para a vida. Eles se organizam em torno de carismas específicos doados pelo Espírito Santo. A Igreja sempre acolheu a diversidade de carismas.

233. O grande desafio, contudo, consiste na vivência da comunhão e na pastoral de conjunto da diocese e das comunidades. Os movimentos e associações de fiéis, por terem organização supradiocesana, muitas vezes, recebem orientações independentes da diocese, e não raras vezes surgem desconfortos nas suas relações com as paróquias e as comunidades. Tais grupos têm direito de reivindicar sua presença nas dioceses, mas alguns têm receio de que o plano de pastoral lhes prive do carisma específico. Às vezes, alguns planos pastorais são muito fechados para acolher os movimentos, e, em alguns ambientes, há certo preconceito em relação a eles.

233. A tarefa, portanto, consiste em encontrar caminhos de diálogo, renúncias e opções que possibilitem

a comunhão. Isso supõe empenho e abertura dos movimentos e associações para se integrarem nas comunidades e igualmente abertura e acolhimento das paróquias para valorizar pessoas e carismas diferenciados. Todos merecem orientações pastorais concretas que proporcionem fecunda contribuição à vivência da fé, participação da vida da Igreja e para a evangelização no mundo de hoje. Nesse sentido, convém observar os critérios de eclesialidade para as agregações laicais contidos na Exortação Apostólica *Christifideles Laici*: a vocação universal à santidade; a fidelidade à sã doutrina; a participação na vida e missão da paróquia; a comunhão com o plano pastoral diocesano; a colaboração na transformação social à luz da doutrina social da Igreja.[130]

235. Vale recordar que "movimentos e associações não podem colocar-se no mesmo plano das comunidades paroquiais como possíveis alternativas. Ao contrário, têm o dever de serviço na paróquia e na Igreja particular. E é nesse serviço que é dado na estrutura paroquial ou diocesana que se revelará a validade das respectivas experiências no interior dos movimentos e associações".[131] Movimentos e associações de fiéis não podem alimentar pretensões de

---

130 ChL, n. 30.
131 CONSELHO EPISCOPAL LATINO-AMERICANO. *La parroquia evangelizadora*. Bogotá: Celam, 2000. p. 33.

totalidade. De outra parte, a paróquia não tem direito de excluir ou negar a existência de movimentos e associações que expressam a multiforme graça de Deus com seus dons e carismas entre os leigos.

236. A esse respeito, o Papa Francisco exorta as comunidades, movimentos e associações dizendo que "é muito salutar que não percam o contato com esta realidade muito rica da paróquia local e que se integrem de bom grado na pastoral orgânica da Igreja particular. Esta integração evitará que fiquem só com uma parte do Evangelho e da Igreja, ou que se transformem em nômades sem raízes".[132]

5.8 Comunidades ambientais e transterritoriais

237. Verifica-se a existência de comunidades cristãs ambientais ou transterritoriais formadas por grupos de moradores de rua, universitários, empresários ou artistas, por exemplo. Os hospitais também constituem uma verdadeira comunidade a serviço da vida. Os enfermos, os profissionais de saúde, os funcionários e a administração de centros hospitalares exigem uma atenção da Igreja que ultrapassa as ações de visita aos doentes ou às capelanias. É preciso pensar e planejar a ação evangelizadora nesses ambientes, integrando-os à paróquia.

---

132 EG, n. 29.

238. As escolas também podem ser comunidades dentro das paróquias. Especialmente os colégios católicos são chamados a viver a vida religiosa integrada à vida paroquial. Apesar do atendimento religioso que se realiza nas escolas, há dificuldades de se efetivar uma pastoral de conjunto com a paróquia. Esta, por sua vez, precisa aproximar-se dos espaços educativos, públicos ou privados, presentes em seu território para favorecer a evangelização.

239. Outro tipo de comunidade são as universidades, consideradas um grande areópago na busca do diálogo entre fé e razão. Não se trata apenas de oferecer atendimento religioso ao mundo acadêmico, mas marcar uma presença cristã nessa importante instância da sociedade. A Pastoral Universitária pode favorecer o crescimento dessa comunidade cristã em meio acadêmico. É preciso entrar em contato e promover o crescimento desses grupos, como comunidades cristãs capazes de evangelizar diferentes ambientes. Cada uma dessas comunidades tem demandas específicas que clamam pela Boa-Nova de Cristo.

5.9 Breve conclusão

240. O desafio da renovação paroquial está em estimular a organização das diversas pessoas e comunidades, para que promovam uma intensa vida de discípulos

missionários de Jesus Cristo. Isso se realiza pelo vínculo e pela partilha da caminhada, mas também pelo planejamento pastoral: "Através de todas as suas atividades, a paróquia incentiva e forma os seus membros para serem agentes da evangelização".[133]

241. A paróquia é fundamental para a missão evangeliza-dora, porém insuficiente ao se considerarem outras realidades eclesiais. A complexidade da realidade atual requer meios de evangelização e recursos que não se limitam à paróquia. Além disso, coexistem outras organizações eclesiais que precisam estar sempre em comunhão com a paróquia: a vida con-sagrada, movimentos apostólicos e associações de fiéis.

---

133 EG, n. 28.

Capítulo 6

PROPOSIÇÕES PASTORAIS

242. Antes de apresentar algumas pistas de ação para a conversão pastoral da paróquia em comunidade de comunidades, é preciso superar a tentação de uma postura pastoral que pretende contar apenas com os esforços humanos para evangelizar: "Há uma tentação que sempre insidia qualquer caminho espiritual e também a ação pastoral: pensar que os resultados dependem da nossa capacidade de agir e programar. É certo que Deus nos pede uma real colaboração com a sua graça, mas ai de nós se esquecermos que, 'sem Cristo nada podemos fazer' (cf. Jo 15,5)".[134]

243. É preciso recuperar o primado de Deus e o lugar do Espírito Santo em nossa ação evangelizadora, pois "nunca será possível haver evangelização sem a ação do Espírito Santo".[135]

---

134 NMI, n. 38.
135 EN, n. 75. Cf. Capítulo V, de *Evangelli Gaudium* que relaciona a ação do Espírito Santo ao espírito da Nova Evangelização.

6.1 Comunidades da comunidade paroquial

244. A grande comunidade, praticamente impossibilitada de manter os vínculos humanos e sociais entre todos, pode ser setorizada em grupos menores. A paróquia descentraliza seu atendimento e favorece o aumento de líderes e ministros leigos e vai ao encontro dos afastados. Não se deixa a referência territorial das comunidades maiores, mas criam-se novas unidades sem tanta estrutura administrativa.

245. A setorização é um meio. Não basta a demarcação de territórios, é preciso identificar quem vai pastorear, animar e coordenar as pequenas comunidades. Sem essa preparação, a simples setorização não renova a vida paroquial. Facilmente o grupo se enfraquece por falta de liderança. O protagonismo dos leigos supõe preparar bem os animadores das comunidades. Será preciso também um novo planejamento da paróquia como rede, evitando a concentração de todas as atividades na matriz. Mais do que multiplicar o trabalho do pároco, trata-se de uma nova organização, com maior delegação de responsabilidades para leigos e religiosos que atuam na paróquia. Uma estrutura mais simples garantirá que as pessoas se empenhem mais em viver na comunidade. Isso evitará que a comunidade se estruture como uma microparóquia com

cadastros, burocracia e serviços que não precisam ser repetidos na pequena comunidade.

246. Ao afirmar-se que são "pequenas" comunidades, indica-se que são formadas por um pequeno grupo de pessoas, no qual todos se conhecem, partilham a vida e cuidam-se uns dos outros, como discípulos missionários de Cristo. Mesmo as capelas e comunidades – estabelecidas nas paróquias como local de celebração – poderiam multiplicar a formação desses grupos menores e denominá-los *pequenas comunidades*, no sentido de ampliar a interação e o engajamento de muitas pessoas.

247. O início da formação dessas pequenas comunidades pode ser com as pessoas que já estão atuando em pastorais, serviços e movimentos na paróquia. Elas precisam de uma experiência mais comunitária do discipulado. Em seguida devem-se expandir para atrair especialmente aqueles que apenas participam da missa ou da celebração sem nenhum engajamento. O processo seguinte deverá ser missionário, buscando, atraindo e acolhendo aqueles que estão afastados da paróquia para que se integrem numa comunidade.

248. Onde for possível setorizar territorialmente a paróquia, que assim seja feito! Onde não o for, siga-se o critério da adesão por afeto ou interesse. Podem ser comunidades afetivas, organizadas a partir de

carismas, transcendendo os limites do território físico e se organizando em torno de espaços de interesse.[136] As afinidades podem ser entre jovens, universitários, idosos, casais, etc.

249. Quando se observa a tentativa de se estabelecerem grupos de reflexão e oração em grandes edifícios ou condomínios e a meta é a setorização ou vizinhança, logo enfrenta-se a dificuldade de formar os grupos. Isso diz respeito ao fato de que, nas grandes cidades, vizinhança geográfica não significa, necessariamente, partilha de vida. Geralmente, quem menos se conhece é o vizinho de porta.

250. Não se pode, sem mais, imaginar que os moradores de um mesmo território queiram estabelecer vínculos humanos a ponto de formarem comunidades de fé. Nos lugares de grande urbanização, a recusa em abrir as casas pode ser um fator complicador. Haverá, então, pequenos grupos que poderão ser formados por moradores de um edifício, mas haverá também pequenos grupos que poderão se formar com moradores de locais distintos e mesmo distantes.

251. A frequência dos encontros da comunidade pode ser semanal, quinzenal ou mensal. Depende da

---

136 As características ou condições para os dois tipos de comunidade são descritas no Documento de Aparecida n. 179ss.

situação das pessoas. A agitação de centros urbanos espaçará mais o tempo; em regiões rurais, o ritmo da vida poderá permitir encontros mais frequentes. O importante é garantir encontros regulares e uma comunicação entre os membros da comunidade, de modo que se traduzam em interesse e compromisso de amizade e fraternidade.

252. O fundamento da comunidade está na Palavra de Deus e na Eucaristia. A Leitura Orante da Bíblia e os Círculos Bíblicos são importantes para que a Palavra determine a caminhada do pequeno grupo. Nessa comunidade podem surgir vocações para os serviços e ministérios: o cuidado aos doentes, a visita aos migrantes, a catequese, a celebração da Palavra, o acompanhamento aos enlutados, a preocupação com os pobres, a preparação ao Sacramento do Batismo e outros. Igualmente, poderão ser desenvolvidos espaços para celebrar a vida, como a comemoração dos aniversários e as confraternizações. O apoio nas dificuldades e a alegria das conquistas pessoais e comunitárias. Esses são alguns exemplos da riqueza que pode ser desenvolvida nesses pequenos grupos.

253. A paróquia pode oferecer a possibilidade de formar pequenas comunidades que se reúnam em diversos pontos, em horários e dias diferentes, de maneira que os paroquianos possam ter opções. O

importante é criar comunidades com pessoas que se integrem para melhor viver a fé cristã.

254. Essas comunidades, ao viver um espírito de abertura missionária, acolherão novas pessoas. Essa será uma excelente proposta de itinerário para a vivência da fé a ser oferecida aos que procuram um engajamento na comunidade ou paróquia. Para garantir os encontros das comunidades, a diocese ou a paróquia poderá criar subsídios que as ajudem.

255. Estes subsídios das comunidades poderiam seguir a metodologia da Leitura Orante da Bíblia, que garante uma pedagogia interativa, na qual todos podem participar e crescer na escuta da Palavra de Deus. Partindo da Leitura Orante da Bíblia, o grupo se estende para outras dimensões: como a catequese, a caridade, a formação da consciência crítica, etc. O importante é que a comunidade faça o seu caminho, sempre unida à Palavra, à oração, à comunhão fraterna e ao compromisso de serviço aos pobres.

256. Na comunidade, as pessoas são acolhidas – superando o anonimato – têm vínculo de pertença e se reúnem não apenas para questões religiosas, mas para crescer na vida como seguidoras de Jesus Cristo. O encontro eucarístico pode ser na igreja paroquial ou na capela que reúne as muitas comunidades numa

única comunidade eucarística, sinal de unidade e comunhão.

6.2 Acolhida e vida fraterna

257. A comunidade paroquial não desconhece a possibilidade de tensões e dissensões e, por isso, pede e concede o perdão: "Lembra-te, Senhor, de tua Igreja, para livrá-la de todo o mal e aperfeiçoá-la com teu amor".[137] Assim, as pessoas acolhem e oferecem o perdão, porque sabem que a comunidade é o lugar da reconciliação.

258. A conversão pastoral supõe rever as relações que existem entre as pessoas. Quando a inveja, a fofoca e os interesses pessoais ferem a unidade da comunidade, a comunhão fica comprometida. Há quem comunga o Cristo na Eucaristia e despreza seu irmão de comunidade com palavras, gestos e omissões. Dessa forma, não se vive a comunhão, pois quem diz que ama a Deus que não vê e odeia a seu irmão que vê, é mentiroso (cf. 1Jo 4,20). A vida comunitária não está baseada em assumir cargos ou atuar em serviços na paróquia: trata-se de ser autêntico discípulo de Jesus Cristo.

---

137 *Didaqué*, 10,5.

259. A missão que se impõe às comunidades paroquiais é rever o relacionamento humano que nelas se estabelece. A alegria, o perdão, o amor mútuo, o diálogo e a correção fraterna são apenas alguns indicativos para essa revisão. Não será possível acolher os afastados se aqueles que estão na comunidade vivem se desencontrando. Aliás, algumas comunidades não conseguem ser missionárias justamente porque vivem de forma tão apática ou conflituosa em suas relações que mais afastam do que atraem novos membros.

260. A comunidade pode se inspirar no relato de Tertuliano sobre os primeiros cristãos. Eles tomavam tão a sério as palavras do Senhor: "Nisto conhecerão todos que sois meus discípulos: se vos amardes uns aos outros" (Jo 13,35) – que as outras pessoas e grupos afirmavam admirados: "Vede como eles se amam!".[138] O amor fraterno, a amizade e a caridade com todos são aspectos irrenunciáveis de uma comunidade cristã. Testemunhando o amor fraterno a paróquia será missionária. Quando se propõe renovar a paróquia como comunidade de comunidades, mais do que imaginar ou criar novas estruturas, trata-se de recuperar as relações interpessoais e de comunhão.

---

138 Cf. Tertuliano, *Apolog.*, n. 39.

261. Comunidade missionária, portanto, é comunidade acolhedora. Diante do grande número de batizados afastados da vida comunitária urge exercer melhor a acolhida, dialogando e propondo caminhos àqueles que se sentem distanciados. Muita gente procura os sacramentos, mas vive afastada da comunidade. Essa é uma importante oportunidade de aproximar os afastados. Uma mensagem mais direta e uma acolhida autêntica podem reunir aqueles que se sentem distantes.

262. Acolher melhor é uma tarefa urgente, especialmente das secretarias paroquiais, superando a burocracia, a frieza, a impessoalidade e estabelecendo relações mais personalizadas. É importante escutar atentamente a demanda de cada pessoa, discernindo o que deve ser encaminhado, procurando deixar claras as razões do sim e do não, sempre através do diálogo paciente e respeitoso. Afinal, a secretaria paroquial é uma porta de entrada para a comunidade.

263. A evangelização só será possível quando essa acolhida priorizar a escuta do *outro* para conhecer suas angústias e esperanças. Essa dimensão intersubjetiva da pastoral não pode estacionar nos serviços individuais do atendimento religioso, mas deverá suscitar a participação, o envolvimento e o compromisso na comunidade e na sociedade.

264. Muitas pessoas procuram a Igreja nos momentos difíceis. A comunidade cristã precisa acolhê-las com carinho. Para oferecer acolhida e aconselhamento, a comunidade deverá também preparar pessoas leigas e consagradas que tenham o dom de escutar, para acolher aqueles que procuram a comunidade. O aconselhamento pastoral a ser dado por pessoas habilitadas é uma urgência nas paróquias. O Papa Francisco, entretanto, sugere que a comunidade seja uma "Igreja capaz de fazer companhia, de ir para além da simples escuta; uma Igreja que acompanha o caminho pondo-se em viagem com as pessoas".[139] Portanto, não se trata de simples escuta, mas de proximidade e acompanhamento das pessoas.

265. Disso decorre a necessidade de oferecer, com maior frequência, o Sacramento da Reconciliação. O atendimento individualizado oportunizará um acompanhamento espiritual e uma orientação para a vida em comunidade. Essa missão depende da urgente alteração da agenda do pároco que pode delegar funções administrativas aos leigos competentes para tal, para ficar mais disponível.

266. Para acolher a todos é necessário receber cada pessoa na sua condição religiosa e humana sem colocar, de imediato, obstáculos doutrinais e morais para a

---

139 PAPA FRANCISCO. *Mensagens e homilias – JMJ, Rio 2013*, p. 65.

sua chegada. Trata-se de uma atitude misericordiosa da Igreja. Durante o caminho da fé, a pessoa será orientada a uma conversão e conhecerá a doutrina e a moral cristãs, num processo gradual. Na pedagogia divina, o abraço materno da Igreja vem antes de tudo.

267. Enfim, a conversão pastoral da paróquia faz com que ela seja uma instância de acolhida e missão; uma casa de portas sempre abertas para promover a cultura do encontro. Um dos sinais de abertura e acolhimento é deixar as portas da igreja, ou capela, abertas para que as pessoas possam rezar sempre que desejarem. Nem sempre é fácil deixar a igreja aberta, devido a problemas de segurança, mas de alguma maneira se deveriam vencer as resistências a encontrar possibilidades. Outro importante gesto seria rever os horários das celebrações: missas ao meio-dia, atendimento do padre à noite e missa com jovens em horários alternativos são apenas alguns exemplos de uma pastoral missionária.

6.3 Iniciação à vida cristã

268. Para que as comunidades sejam renovadas, devem ser casa de Iniciação à vida cristã, onde a catequese há de ser uma prioridade. Um novo olhar permitirá uma nova prática. A catequese, como iniciação à vida cristã, ainda é desconhecida em

muitas comunidades. Um dos grandes desafios da pastoral paroquial é fazer com que os membros das comunidades cristãs percebam o estreito vínculo que há entre Batismo, Confirmação e Eucaristia.

269. Pretende-se passar da catequese como mera instrução e adotar a metodologia ou processo catecumenal, conforme a orientação do Ritual da Iniciação Cristã de Adultos e do Diretório Nacional da Catequese. Nesse sentido, padres, catequistas e a própria comunidade precisam de uma conversão pastoral para rever a catequese de adultos, jovens, adolescentes e crianças. É indispensável seguir os tempos e as etapas do catecumenato e propor, mesmo para os membros da comunidade, uma formação catecumenal que percorra os processos da iniciação, desde o querigma e conversão, até o discipulado, a comunhão e a missão.

270. Só haverá revitalização das comunidades com uma catequese centrada na Palavra de Deus, expressão maior da animação bíblica da pastoral. A catequese "tem de ser impregnada e embebida de pensamento, espírito e atitudes bíblicas e evangélicas, mediante um contato assíduo com os próprios textos sagrados".[140]

---

140 VD, n. 74.

6.4 Leitura Orante da Palavra

271. Sendo *Casa da Palavra*, a paróquia há de promover uma nova evangelização. Muitos paroquianos ainda não se familiarizaram com a Bíblia. A Palavra é saboreada na experiência comunitária da Leitura Orante. Dirigindo-se a cada um pessoalmente, é também a Palavra que edifica a comunidade e a Igreja. Assim, a Palavra de Deus torna-se a contínua animação da vida e da pastoral de todos os membros da comunidade.[141] Somente em comunidade e em comunhão com a Igreja, a pessoa poderá ler a Bíblia sem reducionismos intimistas, fundamentalismos e ideologias.

272. Especial importância adquire a homilia, centrada nas leituras da Bíblia, proclamada na celebração e confrontada com a realidade. Ela precisa ser breve e capaz de falar a linguagem dos homens e das mulheres da cultura atual. Pela homilia, a comunidade é levada a descobrir a presença e a eficácia da Palavra de Deus em sua vida. Quem recebe a missão de pregar deve evitar discursos genéricos e abstratos, que ocultam a simplicidade da Palavra de Deus, ou divagações inúteis que ameaçam atrair a atenção mais para o pregador

---

141 Cf. VD, n. 1.3.75.76.87; Cf. CNBB, *Discípulos e servidores da Palavra de Deus na missão da Igreja*, Doc. n. 97. Brasília: Edições CNBB, 2012.

do que para a mensagem evangélica. Isso implica preparar a homilia com meditação e oração, a fim de pregar com convicção e paixão.[142] Nesse sentido, vale recordar o questionamento do Papa Francisco: "Como são as nossas homilias? Estão próximas do exemplo de Nosso Senhor, que 'falava como quem tem autoridade', ou são meramente perceptivas, distantes, abstratas?".[143]

273. A Exortação Apostólica *Verbum Domini* recomenda a celebração da Palavra de Deus, como ocasião privilegiada de encontro com o Senhor, "nas comunidades onde não é possível, por causa da escassez de sacerdotes, celebrar o Sacrifício Eucarístico nos dias festivos de preceito".[144] Contudo, é fundamental oferecer uma boa formação aos ministros da Palavra, especialmente conhecimento litúrgico e técnicas de comunicação, para que possam exercer seu ministério com êxito. Muitas comunidades sentem a alegria de se encontrar para a celebração da Palavra quando o ministro é humilde, acolhedor e reflete a Palavra de forma simples e direta. De outra forma, muitas comunidades têm fraca participação nas celebrações justamente porque os ministros não estão suficientemente preparados ou acolhem

---

142 Cf. VD, n. 59.
143 PAPA FRANCISCO. *Mensagens e homilias – JMJ, Rio 2013*, p. 96.
144 VD, n. 65.

friamente. O que é dito dos ministros leigos, também se aplica aos ministros ordenados.

6.5 Liturgia e espiritualidade

274. Após o Concílio Vaticano II, nas celebrações litúrgicas buscou-se maior participação da assembleia. Entretanto, algumas experiências têm mostrado que, às vezes, fala-se demais e reza-se pouco. Corre-se o risco de algumas celebrações serem realizadas sem a espiritualidade devida. Tanto os ministros ordenados quanto as equipes de liturgia precisam vivenciar o que celebram. De outra forma, algumas celebrações não remetem ao mistério e reduzem a liturgia ao encontro das pessoas entre si. Comentários infindáveis, cânticos desalinhados com a Palavra, homilias longas e a ausência de momentos de silêncio são alguns dos aspectos que merecem revisão.

275. Na celebração eucarística, a comunidade renova sua vida em Cristo. A Eucaristia é escola de vida cristã. A adoração ao Santíssimo Sacramento, o prolongamento da celebração eucarística,[145] educa a comunidade para permanecer unida em Cristo. É necessário evitar a separação entre culto e misericórdia, liturgia e ética, celebração e serviço aos

---

145 Cf. SCa, n. 66.

irmãos. O Cristo reconhecido na Eucaristia remete ao encontro e serviço aos pobres.

276. As comunidades eclesiais que se reúnem em torno da Palavra precisam valorizar o domingo, o Dia do Senhor, como o dia em que a família cristã se encontra com o Cristo. O domingo, para o cristão, é o dia da alegria, do repouso e da solidariedade.[146] A celebração eucarística ou a celebração da Palavra é o momento mais importante da semana daqueles que participam das comunidades.

277. Milhares de comunidades não têm oportunidade de participar da Eucaristia todos os domingos. Também elas devem e podem viver o Dia do Senhor com a celebração dominical da Palavra, "que faz presente o Mistério Pascal, no amor que congrega (cf. Jo 3,14), na Palavra acolhida (cf. Jo 5,24-25) e na oração comunitária (cf. Mt 18,20)".[147] No entanto, torna-se urgente a busca de soluções duradouras para que as comunidades possam contar com a celebração da Eucaristia.

278. A rede de comunidades não dispensa que a igreja matriz ou as demais igrejas da paróquia ofereçam uma intensa vida espiritual, celebrativa e caritativa. As igrejas deveriam manter sua qualidade atrativa

---

146 Cf. DD, n. 55 a 73.
147 DAp, n. 253.

para fomentar a espiritualidade das pequenas comunidades sem substituir a experiência do pequeno grupo. Nas igrejas da paróquia, celebra-se a Eucaristia, promovem-se retiros e dias de espiritualidade, vive-se o Sacramento da Reconciliação. A vida litúrgica e o cultivo da espiritualidade precisam ser pontos fortes nas igrejas da paróquia, pois são centros que fortalecem as comunidades pequenas e podem atrair aqueles que estão afastados.

279. A verdadeira celebração e a oração exigem conversão e não criam fugas intimistas da realidade, ao contrário, remetem à solidariedade e à alteridade. Infelizmente, muitas experiências de oração se desenvolvem sem essa dimensão. Pela oração superam-se o desânimo e o cansaço diante da missão.

280. É importante valorizar a religiosidade popular como lugar de encontro com Cristo, pois a participação na sagrada liturgia não abarca toda experiência espiritual que se manifesta em diversas devoções e práticas religiosas. A piedade popular, porém, precisa ser impregnada pela Palavra de Deus e conduzida ao centro da vida litúrgica, isto é, à celebração do Mistério Pascal. Especialmente a devoção mariana será uma oportunidade privilegiada para acessar o caminho do seguimento de Jesus. O carinho que o povo católico dedica à Virgem Maria expressa sua confiança na intercessão da Mãe de Deus e na

relação materna que se realiza entre o fiel e Nossa Senhora. Há muito a aprender na religiosidade mariana, o que supõe respeito à cultura, discernimento na busca de Deus presente na piedade popular e condução de todas as práticas religiosas ao Mistério Pascal.

6.6 Caridade

281. As comunidades da paróquia precisarão acolher a todos, em especial os moralmente perdidos e os socialmente excluídos, "para que tenham vida, e a tenham em abundância" (Jo, 10,10). Eles deverão encontrar aconchego e espaço de vida entre aqueles que seguem Jesus Cristo. Ele continua a convidar: "Vinde a mim todos vós que estais cansados e carregados de fardos, e eu vos darei descanso" (Mt 11,28).

282. O amor ao próximo, radicado no amor de Deus, é um dever de toda a comunidade eclesial.[148] "A caridade cristã é, em primeiro lugar, simplesmente a resposta àquilo que, numa determinada situação, constitui a necessidade imediata: os famintos devem ser saciados, os nus vestidos, os doentes tratados para se curarem, os presos visitados, etc.".[149] O

---

148 DCE, n. 20.
149 DCE, n. 31.

cuidado com os necessitados impele a comunidade à defesa da vida desde a sua concepção até seu fim natural.

283. Sem dispensar as muitas iniciativas já existentes na prática da caridade, as paróquias precisam acolher fraternalmente todos, especialmente os que estão caídos à beira do caminho. Dependentes químicos, migrantes, desempregados, dementes, moradores de rua, sem-terra, soropositivos, doentes e idosos abandonados são alguns rostos que clamam para que a comunidade lhes apresente, concretamente, atitudes do Bom Samaritano.

284. Igualmente, há situações nas famílias e na sociedade que merecem acolhida e caridade da Igreja, como a situação dos divorciados, dos casais em segunda união, dos homossexuais, dos solitários e dos deprimidos. Também os doentes mentais, que tantas vezes entram na igreja durante as celebrações, merecem o carinho de quem é discípulo de Jesus Cristo.

285. A comunidade há de marcar presença também diante dos grandes desafios da humanidade: defesa da vida, ecologia, ética na política, economia solidária e cultura da paz. Por isso a paróquia, como comunidade servidora e protetora da vida, tem condições de favorecer a educação para o pleno exercício da cidadania e implementar uma pastoral

em defesa da integridade da Terra e do cuidado com a biodiversidade.[150]

286. Algumas iniciativas não são fáceis de serem aplicadas, mas são urgentes. Uma delas é evitar a comercialização e o consumo de álcool nos espaços da comunidade. Especialmente nas festas dos padroeiros e outros eventos religiosos, a venda de bebida alcoólica contrasta com os programas de defesa da vida e combate à drogadição que a Igreja promove. Uma das drogas mais ameaçadoras da sociedade é o álcool. Entretanto, algumas paróquias, em razão de questões financeiras, culturais ou porque "sempre foi assim", caem nessa contradição grave. Será preciso encontrar saídas alternativas para a manutenção da comunidade, como a partilha do dízimo. É urgente a conversão das comunidades paroquiais para evitar o contratestemunho de promover o consumo de álcool em quermesses ou outras atividades recreativas da comunidade.

6.7 Conselhos, organização paroquial e manutenção

287. A *comunidade de comunidades* é a casa dos discípulos-missionários. Para o seu bom funcionamento, é preciso comunhão e participação que

---

150 Cf. DAp, n. 470-475.

exigem engajamento, tanto na provisão de recursos quanto na administração paroquial. A responsabilidade de sustentar a comunidade paroquial é um compromisso de todo cristão. Ofertas, campanhas e festas podem ajudar, mas a colaboração há de ser organizada, frequente e generosa. A formação, a manutenção do patrimônio e as novas exigências da evangelização supõem recursos. Mesmo que a comunidade paroquial seja pobre, é fundamental exercer a partilha como sinal de comunhão de bens.

288. Há paróquias que já avançaram na organização do dízimo, outras estão formando a consciência dessa participação. É muito importante, porém, que a implantação do dízimo garanta o seu sentido comunitário: "Deus ama a quem dá com alegria" (2Cor 9,7). É a alegria de doar com liberdade e consciência de ser um sinal de partilha. Evite-se, entretanto, o sentido de taxa ou mensalidade e a ideia de retribuição, segundo a qual é preciso doar para receber a bênção. Igualmente cuide-se para não exagerar nas campanhas de conscientização que muitas vezes causam reação negativa, especialmente entre aqueles que estão afastados da comunidade eclesial. A participação financeira na partilha de recursos com a comunidade paroquial deverá ser um processo desencadeado pelas pequenas comunidades que formam seus discípulos missionários.

289. A formação de pequenas comunidades na grande paróquia favorece a subsidiariedade, por meio da qual tudo o que é possível ser feito em termos locais não pode ser delegado a outro nível. Isso garantirá a participação de mais pessoas na vida da comunidade paroquial. Há muito a ser feito em sentido local, para que todos possam se sentir protagonistas na comunidade cristã.

290. A sociedade atual vive na interatividade. As pessoas participam, opinam e se posicionam sobre diferentes realidades do mundo. A conversão pastoral supõe considerar a importância dos processos participativos de todos os membros da comunidade paroquial. Para desencadear essa participação, é preciso estimular o funcionamento do Conselho de Pastoral Paroquial. O Conselho de Assuntos Econômicos também é determinante para a administração dos bens, manutenção e planejamento financeiro da paróquia. Esses conselhos são organismos de participação do laicato.[151] Do Conselho de Pastoral Paroquial deve fazer parte o coordenador do Conselho de Assuntos Econômicos.

291. É necessário, contudo, haver concordância entre o Conselho Pastoral Paroquial e o Conselho de Assuntos Econômicos. Para isso, ambos os conselhos

---

151 Sobre o valor dos organismos de participação: cf. EG, n. 31.

precisam ser formados por discípulos missionários, pessoas que participam ativamente da vida da Igreja. Especialmente o Conselho de Assuntos Econômicos não pode ser uma "diretoria" ocupada apenas com construções e reformas. Os leigos precisam ser apoiados financeiramente em suas comunidades, seja para a realização de cursos e encontros, seja para manter a unidade com a diocese, seja para aprofundar o conhecimento de seu serviço e pastoral. Para superar uma mentalidade que reduz a administração à manutenção e construção de bens materiais é preciso proporcionar formação específica para os membros do conselho de assuntos econômicos. As decisões sobre reformas e construções, e o investimento a ser feito na pastoral, na missão e na formação de pessoas da comunidade será de responsabilidade do Conselho de Pastoral Paroquial e sua execução caberá ao Conselho de Assuntos Econômicos.[152]

292. Na *comunidade de comunidades* não podem ocorrer encontros e reuniões que não visem, em última instância, à salvação e à reconciliação de todos. A administração dos bens, a manutenção dos espaços, os investimentos e toda a organização da paróquia precisam considerar que ela é Igreja que pretende

---

152 Cf. DAp, n. 203.

salvar e acolher a todos, especialmente os mais necessitados, com empenho generoso e solidário no investimento de recursos financeiros para a manutenção e qualificação de obras e ações sociais, compromisso irrenunciável de fé autêntica.

293. Paróquias são pessoas jurídicas que precisam prestar contas a quem as sustenta e ao Estado brasileiro, daí a necessidade do Conselho de Assuntos Econômicos,[153] de uma gestão qualificada e transparente, de acordo com as normas contábeis e as legislações vigentes civil e canônica. Esse é um dos serviços que podem ser realizados com competência por leigos formados nessas áreas.

294. A questão da manutenção também exige novas posturas. Comunidades e paróquias sentem o peso econômico do sustento das estruturas pastorais. Será preciso desenvolver fundos de solidariedade entre as paróquias da diocese. Paróquias mais antigas e estáveis economicamente são chamadas a partilhar seus recursos, para que outras comunidades possam crescer e se estabelecer. Não se trata apenas de uma partilha esporádica, mas de uma forma organizada e permanente de ajuda mútua entre as pequenas comunidades da mesma paróquia, entre as paróquias da diocese e com áreas de missão além-fronteiras.

---

153 Cf. PAPA FRANCISCO. *Mensagens e homilias – JMJ, Rio 2013*, p. 91.

295. Além de repensar a gestão da comunidade paroquial, será preciso distribuir melhor o atendimento do clero às paróquias. Essa missão compete ao bispo, apoiado pelo Conselho Presbiteral e os padres que atuam na pastoral. Há paróquias grandes e novas acompanhadas por apenas um presbítero. Há paróquias menores e tradicionais que concentram mais presbíteros. Conhecer as demandas e garantir a justa proporcionalidade no atendimento são urgências da conversão pastoral.

296. A comunidade paroquial não pode se separar da vida diocesana. Sua unidade se faz na oração, nos vínculos de pertença e na ação pastoral orgânica e de conjunto. A pastoral precisa ser organizada com outras paróquias vizinhas e com a cidade. O plano diocesano de pastoral permite novas inspirações para a ação e possibilita que cada comunidade mantenha a unidade na diversidade de realidades.

297. Além da solidariedade entre comunidades da paróquia e da diocese, é importante manter vínculos afetivos e efetivos com paróquias de áreas missionárias, especialmente na região amazônica. Nesse sentido, os bispos afirmam que a "efetivação de uma Igreja comunidade de comunidades com espírito missionário, manifesta-se também na bela

experiência das paróquias-irmãs, dentro e fora da diocese, análoga ao projeto Igrejas-irmãs".[154]

6.8 Abertura ecumênica e diálogo

298. É no cotidiano da paróquia que aparecem as dificuldades e as possibilidades da relação com as diferentes igrejas e religiões. Em muitas ocasiões da vida civil, os católicos se deparam com pessoas de diferentes crenças. A vida familiar, as festas do município e as formaturas são apenas alguns exemplos da convivência com o pluralismo religioso. Igualmente nos batismos, matrimônios e exéquias celebrados por católicos há pessoas de outras crenças. A atitude ecumênica e o diálogo garantem o respeito e o acolhimento mútuos.

299. A perspectiva ecumênica pode ser enriquecida quando a comunidade se reúne com outras confissões cristãs para rezar e meditar a Palavra de Deus. Estimula-se, nesse sentido, a realização da "Semana de Oração pela Unidade dos Cristãos". Afinal, a oração especialmente nutrida pela Sagrada Escritura é instrumento eficaz para se alcançar aquela unidade que o Senhor deseja para a toda a humanidade.[155]

---

154 DGAE, n. 105.
155 Cf. UR, n. 21.

300. Existem vários elementos que podem fortalecer a ligação da Igreja Católica com as outras denominações cristãs, especialmente no serviço à vida e na defesa dos direitos humanos. É urgente superar o espírito de divisão entre os cristãos, numa constante busca de unidade e caridade desejada pelo Cristo. Essa unidade é também dom do alto, que o Espírito suscita nos corações dos diferentes homens e mulheres para serem sinais de comunhão. Por isso, o Documento de Aparecida recorda que a "eclesiologia de comunhão nos conduz a um diálogo ecumênico. A relação com os irmãos e irmãs de outras comunidades eclesiais é um caminho irrenunciável para o discípulo e missionário".[156]

301. As comunidades não perdem sua identidade no encontro com outros irmãos e irmãs que buscam Deus de coração sincero. Nesse sentido, encontra-se o diálogo inter-religioso que se estabelece com religiões não cristãs. A cultura da proximidade e do encontro supõe acolher quem pensa diferente, superando a dificuldade de conviver em paz numa sociedade e cultura de pluralismo.

---

156 DAp, n. 227.

6.9 Nova formação

302. A conversão da paróquia exige um novo estilo de formação. Não basta ocupar-se de conteúdos e temas; é preciso encontrar metodologias e processos que permitam desencadear uma conversão nas pessoas e uma mudança na comunidade. Hoje é indispensável uma interação na qual a pessoa não é apenas informada, mas aprende a formar-se junto com os outros. Métodos, pedagogias interativas e participativas precisam ser estimulados. Essas metodologias devem considerar especialmente a prática das comunidades e as experiências de vida das pessoas, formando a consciência sobre o valor da vida comunitária para a fé cristã.

303. O Papa Francisco insiste em que a revisão da formação inclua tanto os ministros ordenados e seminaristas quanto leigos: "É preciso ter a coragem de levar a fundo uma revisão das estruturas de formação e preparação do clero e do laicato da Igreja que está no Brasil. Não é suficiente uma vaga prioridade da formação, nem documentos ou encontros. Faz falta a sabedoria prática de levantar estruturas duradouras de preparação em âmbito local, regional, nacional e que sejam o verdadeiro coração para o Episcopado, sem poupar forças, solicitude e assistência. A

situação atual exige uma formação qualificada em todos os níveis".[157]

304. Para que a conversão pastoral da paróquia se realize é fundamental a preparação dos presbíteros, especialmente dos párocos para essa nova mentalidade de missão. Para isso, seria muito proveitoso estimular a realização de um programa de renovação teológico-pastoral para o clero brasileiro, focando na conversão paroquial. Não bastam palestras e cursos, mas um autêntico processo que forme uma nova consciência pastoral e missionária para o clero que atua nas paróquias. Esse processo deve partir de uma adesão profunda e crescente à pessoa de Jesus Cristo. Muitos querem, mas precisam de reflexão e instrumentos que proporcionem a mudança.

305. Conforme o Papa, não bastam encontros com palestras que informam sobre diversos temas. É preciso promover um processo metodológico capaz de envolver as pessoas no saber, no fazer e no ser cristãos. Há muita informação, mas falta formar discípulos missionários. Uma boa sugestão pode ser a Escola Diocesana de Formação de Catequistas. Não se trata apenas de um "cursinho", mas de um espaço sistemático, orgânico e permanente de formação teológica, litúrgica, bíblica, metodológica e

---

157 PAPA FRANCISCO. *Mensagens e homilias – JMJ, Rio 2013*, p. 67-68.

psicológica para catequistas. Sem esse passo, pouca chance terá uma paróquia ou diocese de rever sua catequese.

6.10 Ministérios leigos

306. Na Igreja, há uma pluralidade de ministérios (cf. 1Cor 12,5). Nas primeiras comunidades cristãs, por exemplo, havia apóstolos, pregadores e profetas. A Trindade enriquece a Igreja com muitos carismas que estão a serviço da comunidade, e fazem crescer a dimensão ministerial da Igreja. Os ministérios leigos também refletem a dignidade de todos os batizados e a corresponsabilidade de todos os cristãos na comunidade.

307. Para que as comunidades possam ser bem servidas e crescer na fé, é necessário estimular a participação de leigos nos diferentes ministérios e serviços.[158] Destaque especial deve ser dado ao Ministério da Palavra, por meio do qual homens e mulheres tornam-se autênticos animadores de comunidades. Sejam devidamente preparados líderes para, missionariamente, fundar novas comunidades eclesiais, tanto no meio rural quanto nas grandes cidades, que se expandem sempre mais, como iniciar comunidades transterritoriais, ambientais e por afinidade,

---

158 CNBB. *Missão e ministérios dos cristãos leigos e leigas*. Doc. n. 62, n. 75.

possibilitando às pessoas a alegria do encontro e do seguimento do Senhor em pequenas comunidades.

308. Para cumprir sua missão, os ministros precisam estar bem preparados com sólida formação doutrinal, pastoral e espiritual. Os melhores esforços das paróquias precisam estar voltados à convocação e à formação dos leigos das comunidades, especialmente seus ministros.

6.11 Cuidado vocacional

309. A Paróquia é, por excelência, o lugar do cuidado vocacional. O Concílio Vaticano II, no Documento sobre a Formação Presbiteral, nos recorda que "o dever de fomentar as vocações pertence a toda a comunidade dos fiéis, que sobretudo as deve promover mediante uma vida plenamente cristã. Para isso concorrem não só as famílias que, animadas pelo espírito de fé, de caridade e piedade, são como que o primeiro seminário, mas também as paróquias, de cuja vida fecunda participam os adolescentes".[159]

310. Considerando a paróquia como comunidade de comunidades, é nela que nasce e se fortalece a consciência vocacional da Igreja. Portanto, faz-se necessário organizar, em todas as paróquias,

---

159 OT, n. 2.

equipes de pastoral vocacional que animem a vocação batismal, apoiem a diversidade e a especificidade vocacionais, promovam a oração pelas vocações. É toda a comunidade paroquial que deve orar pelas vocações como recomenda o próprio Senhor da Messe, convencidos de que elas são uma resposta de Deus à comunidade orante.

311. No cultivo das vocações, o testemunho dos presbíteros, como guias do povo de Deus, é muito importante, embora Deus possa chamar pessoas para o seu serviço mesmo em ambientes não favoráveis. O elemento essencial é o testemunho que a comunidade cristã dá do Evangelho de Cristo. O Papa Francisco afirma que "onde há vida, fervor, paixão de levar Cristo aos outros, surgem vocações genuínas. Mesmo em paróquias onde os sacerdotes não são muito disponíveis nem alegres, é a vida fraterna e fervorosa da comunidade que desperta o desejo de se consagrar inteiramente a Deus e à evangelização".[160]

6.12 Comunicação na pastoral

312. Diante das novas possibilidades de comunicação e dos novos tipos de relacionamento que a mídia possibilita, a comunidade também interage de forma

---

160 EG, n. 107.

diferenciada com seus fiéis. O ser humano atual é informado e conectado, acessa dados e vive entre os espaços virtuais. A ausência da paróquia nesses meios é inconcebível.

313. Na evangelização e na pastoral, persistem linguagens pouco significativas para a cultura atual, especialmente para os jovens. A renovação paroquial não pode descuidar da mutação dos códigos de comunicação existentes com amplo pluralismo social e cultural.[161]

314. É importante promover uma comunicação mais direta e objetiva. As reuniões de pastoral carecem de uma linguagem menos prolixa e de uma metodologia mais clara e envolvente. Há encontros que se delongam pela falta de objetividade e clareza.

315. Enfim, não é possível menosprezar a experiência religiosa conhecida pelos meios midiáticos e virtuais que influenciam pessoas, disseminam informações e formam opinião sobre temas religiosos. Considera-se também que a população mais idosa, especialmente, utiliza-se muito do meio televisivo para rezar, acompanhar as celebrações eucarísticas e se informar sobre temas da fé. Especialmente os santuários nacionais e regionais, que têm importante papel difusor da fé pelos meios de comunicação,

---

161 Cf. DAp, n. 100.

hão de ser convocados a promover a conversão pastoral das paróquias. Sua programação midiática há de estimular o vínculo da pessoa à comunidade paroquial.

316. O grande desafio das TVs e *sites* católicos é desenvolver uma pastoral de conjunto que respeite a pluralidade de opções, mas garanta a comunhão efetiva na missão de renovar as paróquias. Seria um grave problema eclesiológico e pastoral se um *site* ou uma emissora de televisão possibilitasse que o fiel se vinculasse apenas aos meios de comunicação com celebrações, doações e vínculo associativo prejudicando a participação na comunidade paroquial. Essa tentação, que muitos fiéis sofrem, de interagir mais com o meio do que com a sua comunidade presencial há de ser uma preocupação especial e constante de quem conduz a programação midiática.

6.13 Sair em missão

317. Há muitos católicos não evangelizados que não fizeram a experiência pessoal com Jesus Cristo, têm fraca identidade cristã e pouca pertença eclesial.[162] O Documento de Aparecida reconheceu que muitos católicos que deixam as comunidades e procuram

---

162 Cf. DAp, n. 226.

outras denominações religiosas não querem deixar a Igreja; na realidade, buscam verdadeiramente Deus.[163]

318. É urgente ir ao encontro daqueles que se afastaram da comunidade ou dos que a concebem apenas como uma referência para serviços religiosos. Ocasião especial para acolher os afastados pode ser a preparação de pais e padrinhos para o Batismo, a preparação de noivos para o Sacramento do Matrimônio, as Exéquias e a formação de pais de crianças e jovens da catequese. Todas essas situações supõem um olhar menos julgador e mais acolhedor, para receber aqueles que buscam a comunidade pensando apenas no sacramento. Se forem bem acolhidos, poderão retornar ou ingressar na vida comunitária.

6.14 Breve conclusão

319. Para que a paróquia se converta em *comunidade de comunidades*, será preciso manter algumas características fundamentais:

a) formar pequenas comunidades a partir do anúncio querigmático, unidas pela fé, esperança e caridade;

b) meditar a Palavra de Deus pela Leitura Orante;

---

163 Cf. DAp, n. 225.

c) celebrar a Eucaristia, unindo as comunidades da Paróquia;

d) organizar retiros;

e) estabelecer o Conselho de Pastoral Paroquial e o Conselho de Assuntos Econômicos, garantindo a comunhão e participação;

f) valorizar o laicato e incentivar a formação para os ministérios leigos;

g) acolher a todos, especialmente os afastados, atraindo-os para a vida em comunidade, expressão da missão;[164]

h) viver a caridade e fazer a opção preferencial pelos pobres;

i) estimular que a igreja matriz e as demais igrejas da paróquia tornem-se centros de irradiação e animação da fé e da espiritualidade;

j) dar maior atenção aos condomínios e conjuntos de residências populares;

k) garantir a comunhão com a totalidade da diocese;[165]

l) utilizar os recursos da mídia e as novas formas de comunicação e relacionamento;

m) ser uma Igreja "em saída missionária".

---

164 Cf. DAp, n. 179.
165 Cf. DAp, n. 179.

CONCLUSÃO

320. Novos contextos e oportunidades estimulam a conversão pastoral da paróquia em *comunidade de comunidades*. Os sujeitos dessa renovação precisam assumir sua condição de discípulos missionários, para que surja um novo ardor pela missão. A paróquia atual tem a tarefa de superar a postura burocrática, desanimada e estática para fazer resplandecer a Igreja como mistério, Povo de Deus a caminho. É preciso que a comunidade seja viva, serviçal e aberta a todas as pessoas. "Impõe--se uma conversão radical da mentalidade para nos tornarmos missionários – e isto vale tanto para os indivíduos como para as comunidades".[166]

321. A paróquia, no sentido original do termo, precisará gerar comunidades onde as pessoas se encontrem. A divisão das paróquias do século IV se ateve ao espaço fisicamente considerado. No século XXI, não pode haver uma configuração única, pois que poderá ser a territorial-física ou não territorial, ambiental, ou, opcional por afinidades.[167]

---

166 RM, n. 49.
167 Cf. DAp, n. 307-310.

322. Não basta alterar a nomenclatura da paróquia denominando-a comunidade de comunidades. O que indicará a novidade missionária será o tipo de relacionamento que se estabelecerá nas comunidades, seja do clero com os leigos, seja dos leigos entre si. Busca-se uma vivência mais comunitária da fé cristã, de acordo com o Evangelho. Para isso, a ação evangelizadora das comunidades paroquiais precisa ocupar tempo, interesse e recursos com as pessoas e não apenas com reuniões prolixas, projetos que ficam apenas no papel e discursos distantes da realidade. Muito da pastoral paroquial está centrado em atividades e tarefas, não havendo tempo para a gratuidade, a informalidade e a amizade.

323. Seguindo o Documento de Aparecida, entende-se que a Missão Continental é constituída de duas dimensões: a programática e a paradigmática. Isso se desdobra na reflexão sobre a paróquia e suas comunidades. A missão programática se detém em organizar o "fazer" em vista da missão. São necessárias atividades de índole missionária capazes de expressar a conversão pastoral da comunidade. A missão paradigmática, por sua vez, ocupa-se da necessidade de mudar a mentalidade em razão da missionariedade, trata-se de "ser cristão" em comunidade, buscando um novo horizonte de

compreensão capaz de incidir sobre uma nova prática, a partir da missão na paróquia.

324. Após a leitura desse texto, seria conveniente que as comunidades paroquiais refletissem sobre as seguintes questões:

1. Quais são os pontos deste texto que provocam a reflexão sobre a nossa comunidade paroquial?

2. Que atividades pastorais e estruturas precisam ser revisadas?

3. Em que aspectos já estamos vivendo a conversão pastoral?

4. Como a nossa paróquia pode tornar-se *comunidade de comunidades*?

5. O que precisamos assumir para sermos uma paróquia missionária?

325. Em sintonia com a Missão Continental, a Igreja no Brasil poderia elaborar um programa de conversão pastoral das paróquias no País. Respeitando a pluralidade e propondo uma pastoral de conjunto, seria importante oferecer instrumentos que possibilitassem às dioceses a renovação das paróquias em comunidade de comunidades.

326. No mundo, hoje, há muita sede e, em Cristo, há a água que sacia toda sede humana. Compete à Paróquia, como Comunidade de comunidades, facilitar o acesso a essa Água Viva. Feliz a comunidade que é um poço dessa Água Viva, da qual todos podem

se aproximar para saciar sua sede. São João Paulo II, na *Christifideles Laici*, cita São João XXIII que sempre dizia que a Paróquia é a fonte da aldeia a que todos acorrem na sua sede.[168]

327. Confiamos à Virgem Maria, Mãe da Igreja, o empenho de todas as paróquias e dioceses do Brasil para essa conversão pastoral. Estamos certos de que a Senhora Aparecida nos acompanha e auxilia para que em cada comunidade se encontre a felicidade que ela bem conhece: "Felizes, sobretudo, são os que ouvem a Palavra de Deus e a põem em prática" (Lc 11,28).

328. Aquele que renova todas as coisas (cf. Ap 21,5b) ilumine e conduza os passos da renovação paroquial que a Igreja no Brasil pretende. A nova realidade implica um novo entusiasmo por Deus e por seu Reino. A conversão paroquial exige uma renovação espiritual e pastoral que se expressa na nova evangelização.

---

168 Cf. ChL, n. 27.

SUMÁRIO

Siglas 5

Apresentação 7

Introdução 11

Capítulo 1 – Sinais dos tempos e conversão pastoral 15
1.1 Novos contextos: desafios e oportunidades 16
1.2 Novos cenários da fé e da religião 21
1.3 A realidade da paróquia 23
1.4 A nova territorialidade 28
1.5 Revisão de estruturas obsoletas 31
1.6 A urgência da conversão pastoral 34
1.7 Conversão para a missão 37
1.8 Breve conclusão 38

Capítulo 2 – Palavra de Deus, vida e missão nas comunidades 39
2.1 A comunidade de Israel 39
2.2 Jesus: o novo modo de ser pastor 41
2.3 A comunidade de Jesus na perspectiva do Reino de Deus 42
2.4 As primeiras comunidades cristãs 47
2.5 A Igreja-comunidade 57
2.6 Breve conclusão 59

Capítulo 3 – Surgimento da paróquia e sua evolução 63
3.1 As comunidades na Igreja antiga 63
3.2 A origem das paróquias 65
3.3 A formação das paróquias no Brasil 69
3.4 A paróquia no Concílio Ecumênico Vaticano II 72
3.5 A renovação paroquial na América Latina e no Caribe 75
3.6 A renovação paroquial no Brasil 80
3.7 Breve conclusão 83

Capítulo 4 – Comunidade paroquial 85
4.1 Trindade: fonte e meta da comunidade 86
4.2 Diocese e paróquia 88
4.3 Definição de paróquia 89

4.4 Comunidade de fiéis...92
4.5 Território paroquial 95
4.6 Comunidade: casa dos cristãos 96
4.7 Comunidades para a missão...................................99
4.8 Breve conclusão 101

Capítulo 5 – Sujeitos e tarefas da conversão paroquial............. 103
5.1 Os bispos................................ 104
5.2 Os presbíteros...106
5.3 Os diáconos permanentes......................................109
5.4 Os consagrados 110
5.5 Os leigos...111
5.6 Comunidades Eclesiais de Base............................118
5.7 Movimentos e associações de fiéis 120
5.8 Comunidades ambientais e transterritoriais..........123
5.9 Breve conclusão 124

Capítulo 6 – Proposições pastorais 127
6.1 Comunidades da comunidade paroquial.................128
6.2 Acolhida e vida fraterna 133
6.3 Iniciação à vida cristã...137
6.4 Leitura Orante da Palavra 139
6.5 Liturgia e espiritualidade 141
6.6 Caridade 144
6.7 Conselhos, organização paroquial e manutenção 146
6.8 Abertura ecumênica e diálogo...............................152
6.9 Nova formação..154
6.10 Ministérios leigos..156
6.11 Cuidado vocacional...157
6.12 Comunicação na pastoral 158
6.13 Sair em missão 160
6.14 Breve conclusão 161

Conclusão.. 163